采产业的无限可能

数字创意

袁侃 著

北京时代华文书局

图书在版编目（CIP）数据

数字创意 / 袁侃著 . -- 北京：北京时代华文书局 ,2024.6
ISBN 978-7-5699-5487-6

Ⅰ.①数… Ⅱ.①袁… Ⅲ.①数字技术－应用－文化产业－产业发展－研究－世界 Ⅳ.① G114-39

中国国家版本馆 CIP 数据核字 (2024) 第 098091 号

SHUZI CHUANGYI

出 版 人：陈 涛
策划编辑：周 磊
责任编辑：张正萌
封面设计：天行健设计
版式设计：迟 稳
责任印制：訾 敬

出版发行：北京时代华文书局 http://www.bjsdsj.com.cn
　　　　　北京市东城区安定门外大街 138 号皇城国际大厦 A 座 8 层
　　　　　邮编：100011　电话：010-64263661　64261528

印　　刷：	天津丰富彩艺印刷有限公司		
开　　本：	710 mm×1000 mm　1/16	成品尺寸：	170 mm×240 mm
印　　张：	19.25	字　　数：	256 千字
版　　次：	2024 年 6 月第 1 版	印　　次：	2024 年 6 月第 1 次印刷
定　　价：	78.00 元		

版权所有，侵权必究
本书如有印刷、装订等质量问题，本社负责调换，电话：010-64267955。

前 言

在数字化浪潮席卷全球的今天，数字创意产业以其独特的魅力和无限潜力，正成为推动经济增长、促进社会进步的重要力量。本书旨在全面、系统地探讨这一新兴领域的内涵、现状、趋势和未来发展方向，为读者提供一幅完整的数字创意产业画卷。

数字创意产业是科技与艺术的交融，是创意与技术的结晶。它涵盖了数字视觉设计、数字交互设计、数字内容创作、数字技术实现等多个方面，涉及游戏、影视、动画、虚拟现实、增强现实等众多领域。在这个多彩多姿的数字世界里，创意的火花在技术的助力下得以迸发，为人们的生活带来了前所未有的体验和感受。

在本书的写作过程中，我们力求做到理论与实践相结合，既注重理论体系的完整性，又强调实践应用的指导性。通过对数字创意产业各领域的深入剖析，我们希望读者能够掌握相关的基本原理、核心技术和市场动态，从而在实际工作中发挥所长、创造价值。

同时，我们也关注数字创意产业的未来发展趋势。在科技日新月异的背景下，数字创意产业将如何与人工智能、大数据等前沿技术深度融合；在消费者需求不断升级的推动下，数字创意产业又将涌现出哪些新的商业模式和市场机会。这些问题不仅激发了我们的研究兴趣，也构成了本书的重要议题。

在编写本书的过程中，我们得到了许多专家、学者和业内人士的大力支持和帮助。他们的宝贵意见和建议使我们受益匪浅，也使本书的内容更加丰富和深入。在此，我们向他们表示衷心的感谢！

最后，我们要强调的是，数字创意产业是一个充满活力和机遇的领域。我们希望通过本书的传播和推广，能够激发更多人的创意热情和创新精神，共同推动数字创意产业的繁荣和发展。让我们一起携手，迎接数字创意产业的辉煌未来！

目 录

第一篇 导论

■ 第一章 数字创意产业概述

1.1 数字创意产业的定义与特性　4

1.2 数字创意产业的发展历程与现状　15

1.3 数字创意产业的价值与影响　24

第二篇 数字创意设计

■ 第二章 数字视觉设计

2.1 数字视觉设计的基本原理　34

2.2 数字视觉设计工具与技术　43

2.3 数字视觉设计的应用领域　51

■ 第三章 数字交互设计

3.1 交互设计的基本理念　60

3.2 用户体验与界面设计　63

3.3 交互设计的最新趋势　74

第三篇　数字内容创作

■ 第四章　数字影视制作

4.1　数字影视制作流程　86

4.2　数字特效与动画技术　94

4.3　数字影视产业未来的发展　106

■ 第五章　数字游戏开发

5.1　游戏开发的基本流程　116

5.2　游戏引擎与技术　120

5.3　游戏产业的现状与未来　135

第四篇　数字技术实现

■ 第六章　虚拟现实与增强现实

6.1　虚拟现实与增强现实的基本原理　146

6.2　VR 和 AR 技术的应用领域　149

6.3　VR 和 AR 技术的发展前景　156

第七章　人工智能与创意产业

7.1　人工智能在创意产业中的应用　168

7.2　AI 驱动的创意生成与评估　177

7.3　AI 对创意产业的影响与挑战　187

第五篇　市场与商业模型

第八章　数字创意产业的市场分析

8.1　数字创意产业的市场规模与结构　194

8.2　数字创意产业的消费者行为分析　223

8.3　数字创意产业的竞争格局与主要企业　233

第九章　数字创意产业的商业模式

9.1　传统的商业模式与创新　240

9.2　订阅模式与广告模式　255

9.3　众筹模式与社群经济　262

第六篇 未来展望

第十章 数字创意产业的未来趋势

10.1 技术革新对数字创意产业的影响　276

10.2 消费者需求的变化与应对策略　284

10.3 数字创意产业的可持续发展之路　288

结　语　293

附录：数字创意产业相关资源　295

第一篇

导 论

第一章

数字创意产业概述

1.1 数字创意产业的定义与特性

1.1.1 数字创意产业的定义

关于数字创意产业，尽管国际上尚未形成统一且普遍认可的定义，但与之相近的概念如创意产业、版权产业、数字内容产业和文化创意产业等已广泛流传。

"创意产业"这一概念，虽然在20世纪90年代由西方发达国家提出并广为人知，但其思想根源可追溯至更早的时期。早在1912年，德国知名经济学家J. A. 熊彼特就已敏锐地洞察到：现代经济进步的核心驱动力并非仅在于资本和劳动，而更多地依赖于创新。他强调：知识和信息的制造、流通及应用是创新的关键所在。这一观点为后来的"创意产业"理念打下了坚实的理论基础。

直到1998年，英国负责研究国家产业政策的一个特别工作组在一份名为《英国创意产业路径文件》的报告中，首次对创意产业进行了明确的界定。他们将创意产业描述为：源自个人创意、技能及才华，并通过知识产权的产生和利用，具有创造经济价值和增加就业机会的潜力的产业。这份报告为创意产业在全球范围内的发展和研究奠定了基调。随后，美国、澳大利亚、新西兰、新加坡、日本、韩国等众多发达国家纷纷加入了对"创意产业"的深入研究和积极推动其实践的行列。

国内首次提及数字创意产业是在2003年上海市的政府工作报告中，该报告强调数字内容产业是建立在尖端信息基础设施与多元化信息产品流通渠道之上的新兴产业，主要为用户提供数字化的图像、视频、音频等信息产品和服务。随后，国内其他机构也陆续提出了与之相关的概念或规划建议，但在命名上存在差异，如数字化信息服务、数字文化产业等。

在《2006—2020年国家信息化发展战略》中，明确提出了开发包括教育、新闻出版、广播影视、文学艺术等在内的各类信息资源，以满足公众在生产和生活中对数字化信息服务的需求。而在2016年发布的《"十三五"国家战略性新兴产业发展规划》中，数字创意产业被正式列为战略性新兴产业的重要组成部分，涵盖了动漫游戏、数字音乐、网络文学、网络视频、在线演出等多样化内容形态。此后，《战略性新兴产业分类（2018）》对数字创意产业的范畴进行了更新和扩展，新增了包括数字文化创意软件开发和内容制作服务、创新型媒体服务、数字创意与融合服务等在内的多个子类别。

另外，《文化部关于推动数字文化产业创新发展的指导意见》（2017）对数字文化产业给出了明确定义：它以文化创意内容为核心，利用数字技术进行创作、生产、传播和服务，具有技术更新迅速、生产流程数字化、传播方式网络化以及消费体验个性化等显著特点。

国内机构和学者在描述数字内容产业的概念时，尽管尚未形成完全统一的观点，但已凝聚了诸多共识。首先，普遍认同数字内容产业源于内容与技术的深度融合；其次，该产业涵盖多个细分领域，并与众多相关产业有着紧密的交叉联系；再次，数字内容产业不仅提供产品，还提供服务，展现出一个新兴产业的蓬勃活力。

然而，在数字内容产业的界定上仍存在不同看法，这主要体现在两个方面：一是界定的视角差异；二是在产业边界和产业分类体系上尚未形成统一的认识。例如，有学者倾向于将数字内容产品划分为资讯、教育、娱乐、艺术四大类别，而另一些人则认为它主要包含数字游戏、电脑动画、移动内容、数字影音等八大产业。这些不同的分类方法反映了学者们对数字内容产业认知的多样性和复杂性。

尤索夫（Yusuf）[1]等人主张，创意产业体现了众多高科技企业的特质，并特别强调高新技术作为其基石的重要性。本达索利（Bendassolli）和伍德（Wood）[2]则着重指出，创意产业的核心在于其创新性，它运用信息技术来处理文化内容，并通过知识产权实现经济价值。他们还提出了艺术、商业和技术之间逐渐趋同的假设。加纳姆（Garnham）进一步阐释，创意产业是信息社会的自然产物，它反映了时代的特征，并且其生命力源于信息与通信技术的不断发展。

薛晓东、谢梅[3]等人描述数字传媒产业为一个依靠数字技术，为消费者提供满足其特定精神文化需求的服务的企业联合体。金元浦[4]则预见到文

---

[1] Yusuf S, Nabeshima K.Japan's Changing Industrial Landscape[J]. Policy Research Working Paper, 2005.
[2] Nicholas Garnham. From Cultural to Creative Industries[J]. International Journal of Cultural Policy, 2005, 11(1): 15-29.
[3] 薛晓东,周传军,谢梅,黎友源.我国数字传媒经营现状及存在问题[J].电子科技大学学报（社科版），2007 (3)：43—47.
[4] 金元浦.数字港·物联网·云计算——文化创意产业集聚区与国际贸易的高端融合[J].科技智囊,2010 (12)：66—68.

产业将逐渐演变为数字创意产业的时代趋势。夏光富将数字创意产业定义为一系列利用现代数字信息与通信技术,基于文化资源,并依赖人的技能和精神创造力来推动数字化、网络化文化价值生产的企业集合。这些企业也致力于通过高新技术与文化创意的结合来提升传统文化产业的附加值。

国外学者对创意产业与经济进步之间的联系也表现出浓厚的兴趣,并积累了大量的研究资料,为这一领域的研究奠定了坚实的理论基础。其中,对创意城市的关注尤为突出。创意城市的理念实际上构建了一座桥梁,将创意产业与经济紧密地联结在一起。

艾伦·斯科特(Allen Scott)[1]在其研究中,深入剖析了不同城市在不同经济阶段与创意产业的互动关系,得出了创意产业与城市经济同步发展的结论。而杰森·波茨(Jason Potts)和斯图尔特(Stuart)[2]则通过建立四种基础数学模型,探讨了创意产业与经济发展的内在联系,并揭示出创意产业对城市经济的积极推动作用。此外,皮尔乔瓦尼埃尔(Piergiovannietal)[3]团队以意大利100多个省份的数据为基础,进行了实证分析,进一步证实了数字创意产业与经济发展之间的正相关关系。

与此同时,斯塔姆·埃里克(Stam Erik)等人深入研究了创意产业对创新活动的影响,以及这种影响如何最终波及城市的就业增长。普拉特·安迪·C(Pratt Andy C)则从金融危机的视角出发,深入探讨了创意经济与城

---

[1] Allen Scott. Creative cities: conceptual issues and policy questions[J]. Journal of Urban Affairs, 2006 (1) : 1-17.
[2] Jason Potts, Stuart Cunningham. Four Models of the Creative Industries[J]. International Journal of Cultural Policy, 2008 (3) : 233-247.
[3] Piergiovannietal, Carree M A, Santarelli E. Creative industries, new business formation, and regional economic growth[J]. Small business economis, 2012(3): 539-560.

市发展的几个核心议题。

国内学者如厉无畏[1]，强调创意产业的发展对于推动企业盈利模式创新、转变企业思维观念以及促进产业升级转型具有重要意义，这也为中国经济社会的转型提供了新的动力。金元浦则指出，数字创意产业是文化、科技与经济的交汇点，它深深植根于特定的文化背景、产业结构以及经济模式之中。夏光富则从数字创意产业的特性入手，强调了其高附加值的特点，以及它如何将文化、科技等元素转化为具有巨大经济价值的产品，从而为社会创造丰富的财富。

王红梅等学者通过构建钻石模型，对我国数字创意产业的发展障碍进行了深入分析，并提出了从培养创意人才、挖掘市场需求、优化产业环境到发挥政府引导作用等多方面的策略建议。这些研究共同揭示了一个重要的现象：创意产业与经济发展之间存在着密切的相互促进关系。经济的发展为创意产业提供了广阔的空间和丰富的机遇，而创意产业的繁荣则成为推动经济社会全面转型的重要力量。

在全球范围内，创意产业的发展呈现出明显的集群化趋势。厉无畏从集群效应的视角深入探讨了创意产业对城市空间形态的重塑作用。而褚劲风则进一步指出，创意产业集群对于推动城市经济的稳定增长、优化产业结构以及促进旧城区的再生具有不可替代的作用。

与此同时，数字创意产业集聚的空间特性也引发了国内外学者的广泛关注。柯里德（Currid）提出，创意产业应倾向于集中在那些充满创新活力和

---

[1] 厉无畏，王慧敏.创意产业促进经济增长方式转变——机理·模式·路径[J].中国工业经济，2006（11）：5—13.

原创精神的区域，如中心商务区（CBD）的边缘地带以及大城市内部的老旧城区，特别是那些被废弃的旧仓库和厂房等，这些地方有潜力被打造成为全新的城市生产空间。

姚磊等人借助核密度分析方法，对南京市的创意产业空间布局及其演变过程进行了深入研究，初步揭示了影响产业空间分布的关键因素。他们发现，不同类型的创意产业在空间分布上存在着显著的差异，这主要归因于各行业间关联特性的不同。

此外，陈能军等学者从构建中国数字创意产业全球价值链的视角出发，深入探讨了产业集群的发展模式，旨在为全球创意产业的持续发展提供新的思路和方向。

为引导和促进数字创意产业向高质量方向迈进，我国及时明确了该产业的内涵和外延。《"十三五"国家战略性新兴产业发展规划》从数字文化创意技术装备的创新提升、数字内容的创新发展、创新设计的推进以及相关产业的融合四个方面，为我国数字创意产业的远景绘制了发展蓝图。《战略性新兴产业分类（2018）》则详尽地界定了数字创意产业所涵盖的国民经济行业、核心产品与服务，为我国数字创意产业的规范化、有序化和快速发展提供了明确的方向指引。

具体而言，我国数字创意产业的细分领域包括设计业、影视与传媒业、数字出版业、动漫游戏业、在线教育、旅游业、人居环境设计业、时尚服饰业、体育健康业、玩具业、文化博物业。这些领域均涉及产业的数字化进程、信息装备与软件业的深度融合（详见下表）。从中可以看出，我国对数字创意产业的理解与发达国家存在差异，我们更注重科技、文化和创意的有机交融与协同发展。

我国数字创意产业细分领域及相关特点

细分领域	描述	与数字化进程、信息装备与软件业的融合
设计业	涵盖建筑设计、工业设计、平面设计等	数字化工具和设计软件广泛应用于设计流程中，提高了设计效率和质量
影视与传媒业	包括电影、电视剧、新闻出版、广告等	数字化制作、编辑和发行流程，高清、超高清（4K）、虚拟现实（VR）等技术的应用提升观影体验
数字出版业	电子书、数字期刊、在线阅读等	数字化内容制作、管理和分发，适应移动设备阅读需求
动漫游戏业	动画、漫画、游戏制作与发行	三维（3D）建模、渲染、虚拟现实/增强现实（VR/AR）等技术提升动漫游戏制作水平和用户体验
在线教育	网络课程、远程教育、MOOCs（慕课）等	数字化教学资源、在线互动平台和学习管理系统
旅游业	数字化旅游服务、智慧旅游	数字化旅游导览、在线预订和支付、智能推荐等提升旅游体验
人居环境设计业	智能家居、智慧城市建设等	数字化规划、设计和运营，提高生活品质和城市管理水平
时尚服饰业	数字化服装设计、3D打印服饰等	数字化设计和制造流程，个性化定制和快速原型制作
体育健康业	智能健身设备、在线运动课程等	数字化健身管理和健康监测，提升运动效果
玩具业	智能玩具、互动玩具等	数字化和智能化技术增强玩具功能和互动性
文化博物业	数字化博物馆、虚拟展览等	数字化文物展示、互动体验和教育推广

请注意，表格中的内容仅为简要描述，各个细分领域与数字化进程、信息装备与软件业的深度融合情况可能因具体应用场景和技术发展而有所不同。

因此，我们认为，在数字化和网络化的时代背景下，数字创意产业已成为文化创意产业或创意产业中最为突出的表现形式。它基于丰富的文化资源，并巧妙地融合了现代数字技术、网络技术、通信技术和大众传播技术。这种产业形态的核心动力在于人们（无论是个人还是团队）的精神创造力和专业技能。企业利用数字化、网络化的生产方式，不仅创造、传播和交易文化价值，还通过文化创意和新技术为传统文化产业注入新的附加值。

从产业范围来看，数字创意产业涵盖了多个核心部门，如通信增值文化服务业、互联网文化服务业、文化和娱乐软件业、现代影视业、数字（网络）游戏业、动漫业以及数字（网络）出版业等。此外，它还包括这些核心部门与其他文化产业的融合与延伸，形成更为丰富的产业化形态。例如，数字动画技术与传统出版业的结合，以及现代影视产业与其他文化领域的深度融合等。

1.1.2 数字创意产业的特性

数字创意产业可以被视为创意产业或文化创意产业的一种进化形态。它通过创意与科技创新的有机融合，成为推动经济发展的新兴力量。不同发达国家在数字创意产业的发展理念和发展路径上展现出不同的见解和选择。例如，美国借助版权制度整合数字创意产业资源，推动数字内容与技术的和谐共进；英国则侧重于轻盈的创意产业，以文化为引擎推动产业发展，凸显

"大文化"综合管理观念，迎合创意与数字化融合的新趋势；而日本和韩国在数字内容领域表现出强劲的发展动力，政府通过科技及产业政策引导相关产业的蓬勃发展。

从数字创意产业的特性视角来看，国外机构及学者所提出的一系列概念，如content industry（内容产业）、digital content industry（数字内容产业）、digital content economy（数字内容经济）、multimedia content industry（多媒体内容产业）等，均体现了数字技术与创意内容的深度融合。这些概念不仅涵盖了传统的内容产业，如出版、音乐、电影等，还扩展到了网络游戏、移动内容、电子书等新型数字创意领域。

数字创意产业以其无形的产品形态、快速多变的发展特点以及高度的知识集成性，区别于传统的制造业和其他服务业。它依赖于先进的信息通信技术（ICT）能力，实现了协同工作流程和高效的产品分发。数字创意产业的核心在于创意内容的数字化呈现和传播，这包括数字电影、数字音乐、视频游戏、软件等各种形式的数字化信息。

在数字创意产业的框架下，数字内容经济成为一个更为广泛的概念。它不仅包括数字内容的创作、收集、管理、存储、传输和获取等各个环节，还涉及这些环节在各行各业中的广泛应用和创新。数字内容逐渐成为研究、健康、教育和社会服务的中心，推动了经济的知识密集型转变。

与此同时，多媒体内容产业作为数字创意产业的一个重要组成部分，也受到了越来越多的关注。它强调多媒体技术在内容产业中的应用，与传统的内容产业有着明显的区别。多媒体内容产品通常指的是游戏、娱乐、教育以及培训等领域的产品，这些产品以数字化的形式呈现，具有高度的互动性和创新性。

与"数字内容"相关的概念,如digital content(数字内容)、digital media(数字媒体)、content for digital media(数字媒体内容)等,则更加关注内容和媒介的数字化特性。数字内容不仅包括电子书、电子期刊、数字音乐、在线游戏等各种形式的数字化信息产品,还包括开放的教育资源、补充数字材料等在内的教学内容。而数字媒体则强调媒体形态的数字化转变,包括线下的封装式媒体和线上的传输式媒体等各种形式。这些概念的提出和应用,都体现了数字技术在创意内容产业中的广泛应用和深远影响。

国内学者对于"数字创意产业"的特性界定从多个维度展开,不断丰富其内涵,主要归纳了五种主要视角来定义这一概念,即技术驱动视角、产业交融视角、产业领域视角、产业流程视角和生态友好视角。

首先,技术驱动视角侧重于数字化技术(如信息技术、网络技术、多媒体技术和高新数字化技术)的应用。它将这些技术的运用作为数字创意产业的标志性特征。例如,蔡幸波提出,数字创意产业是通过高新数字化技术和信息化手段,对图像、文字、影像、语音等内容进行整合,形成的产品或服务。

其次,产业交融视角着重于内容和技术的交叉渗透与融合。赖茂生等学者认为,数字创意产业是文化产业与信息服务业部分融合的产物,体现了两个领域的紧密结合。

再次,产业领域视角主要从产业的归属关系来界定数字内容产业。这一视角关注产业包含的细分领域、与相关产业的关联或交叉关系,以及从狭义到广义的不同定义。罗海蛟等指出,数字创意产业是信息产业的衍生,涵盖了信息化、数字化产业的总和,并延伸了多个传统产业的发展内容。笔者也曾将数字创意产业描述为由多个交叉融合的细分领域构成的产业集群。

第四,产业流程视角关注数字创意从创造到分发再到消费的全过程。它认为数字创意产业催生了新的产业分工、组合和产业链。刘银娣提出，数字创意产业不仅涉及数字内容产品与服务的生产、存储、传播和销售，还包括为这些活动提供技术支持的相关产业。

第五，生态友好视角强调数字创意产业的艺术、文化和创意特性。例如，林环将数字创意产业定义为结合文化创意和信息技术的绿色产业，它对旅游观光、信息产业等相关领域具有显著的带动作用，因此受到各国政府的大力支持和倡导。

1.2 数字创意产业的发展历程与现状

1.2.1 美国的数字战略与硅谷的导向

从数字创意产业的视角来看，美国无疑是全球数字经济领域的佼佼者，其数字经济发展之早、增速之快、规模之大均居世界前列。中国信息通信研究院发布的《全球数字经济白皮书（2022年）》数据显示，2021年全球47个主要国家的数字经济增加值规模高达38.1万亿美元，其中美国以15.3万亿美元的规模稳居榜首，而中国则以7.1万亿美元的规模紧随其后。

美国数字经济之所以能够取得如此辉煌的成绩，与其前瞻性的数字化战略密不可分。作为一个高度重视国家战略与政策制定的国家，美国在数字化大潮中展现出了极为敏锐、密集和持续的政策反应与支持。无论是在技术领域、国防领域、政务领域还是产业领域，美国都率先出台了一系列具有战略意义的政策文件，如《21世纪信息技术计划》《（国防部）数字工程战略》《数字政府战略》《美国全球数字经济大战略》等。这些政策不仅以前瞻性和敏锐性为立足点，强调技术领先和鼓励创新，还致力于打造数字基础设施、促进万物互联和数字治理，加快国际数字贸易及自贸区建设。

在这样的战略框架下，硅谷应运而生，成为数字创意产业新业态的摇篮。数字创意产业新业态的成长需要一个鼓励创新的产业生态系统作为支撑，而硅谷正是这样一个充满创新活力的地方。在这里，大学、产业、政府和资本形成了紧密的"四轮驱动"创新模式，为数字创意企业的诞生和成长提供了源源不断的动力。斯坦福大学等名校的集聚、国家级实验室的汇聚以及黑石集团等全球知名风险投资公司的加盟，使得硅谷成为创新资源的宝库。正是在这样的创新生态中，皮克斯、谷歌、脸书等世界领先的数字创意企业得以崭露头角。

硅谷的成功案例启示我们，在数字创意产业新业态的初创时期，推动创意、技术、市场、资源配置和组织的密集新组合至关重要。这有助于企业在反复的试错中发现最佳的创新配比方式，从而提高创新的成功率。以多频道网络传播（MCN）为例，这一文化经济新业态于2006年在硅谷开始孕育，通过为视频内容开发者提供多样化的中介服务，实现快速反馈与供需对接。在YouTube（优兔）等视频平台的扶持下，MCN机构得以迅速发展壮大，成为数字创意产业中的重要一环。

美国数字经济的成功离不开其前瞻性的数字化战略和硅谷等创新生态系统的支撑。对于其他国家而言，借鉴美国的经验并结合自身实际制定相应的政策和战略是推动数字创意产业发展的关键所在。

1.2.2 "数字英国"与伦敦的产业集群

从数字创意产业的视角来看，英国不仅是第一次工业革命的发源地，更是全球范围内率先将数字创意产业提升到国家战略高度的先驱者。尽管英国早期享受到了工业文明带来的繁荣,但它也敏锐地意识到了传统工业向数字化转型的紧迫性,以及未来数字经济浪潮的冲击。为了应对这一挑战,英国政府积极制定并实施了多项政策,以数字经济为引擎,推动"数字英国"的构建和转型。

自2015年起,英国政府就陆续发布了《数字经济战略(2015—2018)》等重要文件,明确了数字经济发展的方向和目标。2017年,随着文化、媒体和体育部发布《数字战略》并更名为数字化、文化、媒体和体育部,英国政府对数字革命的重视和决心进一步凸显。到了2022年,面对全球疫情的严峻挑战,英国政府再次更新其数字战略,将"创意与知识产权"列为关键发展领域之一,强调数字科技与创意内容的深度融合。

伦敦作为英国创意产业和数字科技的核心城市,扮演着举足轻重的角色。根据英国国家科学与艺术基金会的研究,英国的创意产业集群主要集中在伦敦等南部城市,这些集群以高成长性和高集聚性为特征,为英国创意产业的蓬勃发展提供了有力支撑。

伦敦在沉浸式体验领域的研究与发展尤为引人瞩目。作为全球沉浸式体验研发的重要基地之一,伦敦吸引了大量风险投资和国际科技巨头。谷歌、Snap 公司和Meta(元宇宙)等公司纷纷在伦敦布局沉浸式科技项目,与本地顶级工作室如Pebbles Studio(卵石工作室)等展开紧密合作。这些合作项目不仅涉及虚拟现实、增强现实等前沿技术,还涵盖了3D动画等创意内容制作。伦敦的经验表明,数字科技与创意内容的良性互动是发展高成长性、高集聚性创意产业新业态的关键所在。这种互动不仅要求科技研发与内容创意的紧密协作,更需要两种文化的深度融合与碰撞。

值得一提的是,伦敦在保持数字科技领先地位的同时,也注重线下沉浸式体验产品的研究与开发。以沉浸式体验演出《不眠之夜》为例，这部作品将装置艺术、环境戏剧、行为艺术等先锋艺术形式融入其中，为观众带来了全方位、多维度的感官体验。其成功不仅彰显了沉浸式创意IP的巨大潜力和影响力，也为伦敦乃至全球的创意产业发展提供了新的思路和启示。

1.2.3 日本"泛在互联"与"智慧东京"的魅力

日本已明确其21世纪中叶的战略目标，即构建一个泛在互联、超智能的社会，其中"科学技术立国"被确立为推动国家增长的首要支柱。自2016年起，日本开始积极倡导并逐步完善"社会5.0"构想。这一构想象征着从狩猎社会（1.0）到农业社会（2.0），再经历工业社会（3.0）和信息社会（4.0）后的全新阶段——超智能社会（5.0）。在这一阶段中，信息通信技术（ICT）的应用与发展将达到前所未有的高度，网络空间与物理空间将实现深度融合，为人类带来更为丰富和自由的生活体验。

超智能社会的核心在于通过ICT技术精准地满足人们多样化的需求，实现资源的高效配置。在这样的社会愿景下，东京作为日本的经济、科技和文化中心，于2020年推出了《"智慧东京"实施战略》。该战略聚焦于"互联东京""城市数字化""都厅数字化"三大关键任务，并通过一系列激励政策，鼓励跨学科、跨领域的合作创新。这些合作旨在探索智能化、数字化的新产品和新业态，并将其推向全球市场。

例如，东京的专业团队已成功研发出新型RGB扫描投影仪和独特的隔音蓝牙麦克风mutalk等产品。这些创新不仅显著提升了娱乐、展览和教学领域的虚拟现实（VR）和增强现实（AR）体验，还展示了东京在数字创意产业方面的领先地位。另一个引人注目的案例是由数字艺术团队teamLab打造的沉浸式数字艺术互动体验。该项目汇集了各领域的400多位专家，共同创造出极具科幻感和视听冲击力的沉浸式数字展览场馆。这一创新实践不仅体现了科技与艺术的完美结合，还连续两年被世界权威设计网站designboom（设计部）评为"全球十大必看展览"。

"智慧东京"战略的实施成果表明，构建智慧城市生态体系对于促进市民在全时段、全领域、全感觉的数字文化产业消费便利具有重要意义。这种城市消费环境的优化进一步激发了更多专业人士投身数字文化产业，创造新的生活美学和场景，从而塑造城市文化的新地标。正如世界多媒体协会联盟主席哈威·费舍所言：数字技术是推动文化和精神发展的强大力量。计算机语言引领了新的美学潮流，而网络世界则构成了一个充满活力、适于沟通的新文化时空。在这一背景下，东京无疑正走在实现"超智能社会"愿景的前沿。

1.2.4 阿联酋建设数字经济中心与迪拜"元宇宙战略"

从全球视角审视数字文化产业的演进，我们深刻体会到文化交融与文明互鉴的不可或缺性。硅谷、伦敦、东京等全球创新领军城市和地区，固然凭借科技、人才、资本及国际化等多重优势领跑，然而新兴经济体与发展中国家的核心城市亦能策略性地规划独具特色的数字经济与文化发展路径，实现差异化竞争。

阿联酋便是此中翘楚，这个由阿布扎比、迪拜等七个酋长国组成的联邦国家，在2017年便由领导人颁布了《阿联酋2071百年规划》，旨在强化国家声誉与软实力，推动政府收入多元化，减少对石油的依赖。进入2022年，阿联酋内阁会议更进一步通过了数字经济战略，雄心勃勃地计划在未来十年内将数字经济对国内生产总值的贡献率从当前的9.7%翻倍至19.4%，志在成为地区乃至全球的数字经济中心。

在这一宏伟蓝图下，迪拜作为阿联酋的经济引擎，积极致力于经济多元化转型，特别是在政策层面大力扶持元宇宙等新兴业态的发展。其焦点集中在数字技术研发、元宇宙监管体系构建、吸引元宇宙相关企业以及拓展元宇宙应用场景等关键领域。正如"元宇宙商业之父"马修·鲍尔所描绘的：一个规模宏大、可互动操作的网络，能够实时渲染3D虚拟世界，并借助丰富的连续性数据，如身份、历史、权利、对象、通信和支付等，为无数用户提供实时同步和持续有效的沉浸体验。

迪拜在2022年3月率先颁布了首部虚拟资产法规，并成立了虚拟资产监管局（VARA）。值得一提的是，VARA在当年5月便勇敢地迈入了元宇宙领域，成为首个在The Sandbox（沙盒）平台上建立元宇宙总部的监管机构。紧接着，迪拜王储谢赫·哈姆丹·本·穆罕默德在7月宣布了"迪拜元宇宙战略"的启动，旨在为迪拜打造一系列元宇宙的应用场景与尖端技术，期望吸引超过1 000家国际企业加盟。此外，迪拜警方也不甘人后，成为全球首批发布NFT[①]的政府机构之一，其首批推出的150枚围绕"创新、安全和沟通"三大价值观念的NFT作品，成功吸引了超过2 300万人的关注。

迪拜的实践经验为我们提供了宝贵启示：面对元宇宙等新业态的汹涌来

[①] 非同质化通证（Non-Fungible Token），是区块链网络里具有唯一性特点的可信数字权益凭证，可以在区块链上记录和处理多维、复杂属性的数据对象，不可复制、篡改、分割。

袭，我们必须敏锐捕捉时代机遇，深入掌握行业发展规律，果断实施前瞻性政策。唯有如此，我们才能通过虚实交融、以虚促实的方式，推动数字文化产业实现新的跨越式发展，同时也为城市的转型升级注入源源不断的动力。

1.2.5　我国数字创意产业的发展历程与现状

近年来，中国对数字创意产业的发展给予了高度重视，通过制定并实施一系列政策措施，如《国务院关于进一步促进资本市场健康发展的若干意见》《国务院关于推进文化创意和设计服务与相关产业融合发展的若干意见》《国务院关于加快发展对外文化贸易的意见》等，为其蓬勃发展提供了有力支持。2016年的《政府工作报告》首次在"加强供给侧结构性改革，增强持续增长动力"的议题中明确提出了"大力发展数字创意产业"的战略方向。此外，全国人大审议通过的《中华人民共和国国民经济和社会发展第十三个五年规划纲要》也将数字创意产业列为支持战略性新兴产业发展的重要内容。数字创意产业的崛起，不仅有助于转变经济发展方式、刺激消费增长，还将为丰富群众文化生活、引领社会风尚注入新的活力。

在政策推动和财政支持的共同作用下，中国数字创意产业的发展势头十分迅猛。以上海市为例，该市紧抓上海自由贸易试验区的开放机遇，充分利用联合国教科文组织"创意城市网络"的平台优势，显著提升了数字创意产业的竞争力、影响力和经济贡献度。据统计，文化创意产业在上海市地区生产总值中的占比已超过10%。为进一步推动创意产业的发展，上海市文化创意产业推进领导小组办公室于2016年发布了《上海市文化创意产业发展三年行动计划（2016—2018年）》，设定了到2018年创意产业占全市地区生产总值的比重超过12.6%、"十三五"末占比超过13.0%的宏伟目标。该计划特别强调了云计算、大数据、物联网等先进信息技术在创意产业中的创新应用，并重点发展设计服务业、电影业、网络媒体业和数字娱乐业等数字创意产业领域。通过创意产业与科技、制造以及金融贸易的深度融合，上海市的数字创意产业已成为该市的支柱性产业之一，为"创新驱动、转型发展"注入了强大动力。

根据创意过程中采用的技术手段和产出成果的数字化程度，中国数字创意产业可划分为设计服务、文化创意（内容）和传统艺术与手工艺三大类别。其中，设计服务与内容作为直接利用数字化工具创造数字化成果的核心领域，在数字创意产业中占据重要地位。

从数字创意产业的构成来看，它主要包括设计服务和数字文化内容两大板块。借助数字信息技术和工具的支持，这些构成要素进一步形成了数字创意的服务平台，如文化大数据和内容资源平台等。除了这些主体构成外，数字创意产业的发展还离不开核心技术与装备及其标准的支撑。数字创意产业主体与技术的整合将推动产业的持续发展，并使其具备为其他产业提供服务的能力。通过多样化的数字创意产业领域以及新产品、新服务、新商业模式和交叉融合的新型业态的创新发展，数字创意产业正形成向其他产业无边界渗透的格局。

在数字创意技术的发展方面，以新一代信息技术为核心的数字创意技术成为推动设计、影视、媒体、动漫、游戏、网络、出版、广告、时尚等相关产业发展的重要动力。其中，虚拟现实技术、新一代数字媒体技术和创意大数据技术正逐渐成为数字创意技术领域的重要组成部分。虚拟现实技术包括虚拟现实（VR）、增强现实（AR）和混合现实（MR），它们通过创建和体验虚拟世界，使用户沉浸其中。新一代数字媒体技术则涵盖了更广泛的形式和内容，特别是随着VR技术的普及和数字感知技术的突破，数字媒体将展现出更丰富、更具沉浸感和互动性的形式。创意大数据技术则结合了大数据与创意产业的优势，包括创意大数据基础资源、技术体系和知识服务系统与平台等，为创意创新提供了广阔的空间。

综上所述，中国数字创意产业的发展在政策推动、财政支持和技术创新的共同作用下呈现出蓬勃发展的态势。通过加强供给侧结构性改革、推动创意产业与相关产业的融合以及加强国际交流与合作，中国数字创意产业将继续迎来更加广阔的发展前景。

1.3　数字创意产业的价值与影响

在21世纪这个被英国创意经济学者约翰·霍金斯誉为"创意经济的世纪"里，每一个人都成为潜在的创意发源地。霍金斯在其著作《创意生态》中深刻指出，这些创意者不再局限于传统的艺术或文化领域，而是通过广泛的市场机制，将自己的创意转化为具有交换价值的商品和服务。这一转变的背后，是一个自由、多元、包容的社会环境在悄然孕育。

从近年来的"互联网+文创"产业实践中，我们可以看到这种转变的生动例证。以腾讯、抖音等为代表的数字创意巨头，凭借其强大的技术平台和创新能力，开创了一种全新的文化生产模式。这种模式不仅极大地丰富了文化产品的种类和形态，还通过市场的检验，取得了令人瞩目的成绩。它们的成功，不仅仅是商业意义上的，更是一种文化生产方式和消费模式的革新。

"互联网+文创"的兴起，实际上是从创意经济向更为细化、更为个性化的创意者经济的过渡。在这个新时代里，每一个创意者都有可能成为文化生产的中心，他们的创意和才华可以通过互联网平台得到广泛的传播和认可。这种变化不仅赋予了创意者更大的自由和空间，也为整个社会带来了更多的可能性和活力。

然而,"创意者经济"并非一个完全个人主义、自由主义的概念。尽管它强调了个人的创造力和市场的主导作用,但在其深层逻辑中,我们依然可以看到对集体力量、社会秩序和宏观调控的重视。事实上,创意者经济的真正魅力,正是在于它能够在个人与集体、自由与秩序、市场规律与宏观调控之间找到一种巧妙的平衡。

文化创新,作为创意者经济的核心驱动力,正日益成为一种全新的创新模式。它不仅仅是对传统文化元素的重新组合和演绎,更是对文化意义、价值观念和生活方式的深度探索和表达。在这个过程中,创意者经济展现出了诸多文化新经济的典型特征,如高度的个性化、多元化、网络化和智能化等。

在人类财富的价值理论演进历程中,我们见证了从劳动价值论到需求价值论,再到效用价值论和协商价值论的深刻转变。这一转变揭示了价值决定从单一的物质层面逐渐拓展至物质与文化的双重维度。特别是在"互联网+文创"的时代背景下,文化商品的价值愈发凸显,其不再仅仅取决于商品本身的物质属性,而更多地源于消费者与文化商品之间的体验互动以及消费者之间的社会沟通。

互联网时代的到来,为用户赋予了前所未有的多重角色。他们既是消费者,又是评论者;既是生产者,又是传播者。这种身份的多重性使得创意产品的价值在用户的生产、消费、评论与传播过程中不断发生变化,形成了一种多元协商与博弈的动态价值体系。互联网企业与平台则通过其放大和推动作用,进一步提升了创意产品的客体价值,将原本几乎零经济成本的UGC(用户生成内容)产品转化为具有巨大经济价值的企业文化产品。

从价值决定的角度看,创意者经济体现了一种共生价值经济的理念。在这种经济形态中，协商价值成为核心，它反映了社会生产从生产商剩余向消费商剩余的转变，超越了传统的劳动价值和效用价值观念。创意者经济赋予了消费者新的角色和功能，使他们成为生产者的一部分，消费资本转化为生产资本，消费力转化为生产力。这种"产消一体"的新模式不仅改变了传统的生产方式和商业模式，也为创意产业的发展注入了新的活力。

在价值分配方面，创意者经济倡导一种共享经济的理念。它强调共生、共创和共享的价值观念，注重公平与效率的平衡。这种经济形态需要一种创意者的孵化平台，这种平台不仅是一种共享型生态平台，更是一种社会型企业平台。它发挥着准公共平台和新公共空间的交往功能，实现了创意者、企业、协会和政府的共同治理和利益共享。

从平台功能的角度来看，创意者经济展现了一种生态经济的特征。以腾讯和抖音为代表的数字文创企业通过将旗下多类型平台产品高度整合，构建了一个内容层、渠道层、用户层相互交织的互联网创意生态系统。这个生态系统不仅实现了自下而上的自生长与自过滤模式，扩大了创意基数并促进了优质创意的脱颖而出，还通过培育和筛选UGC、养成与推广PGC（专业生产内容）、精制与共建EGC（专家生产内容）等方式完成了文创IP（知识产权）的扇形流转和立体开发。在这个过程中，创意生态实现了对文化传播的引导并推动了文化产业的发展。

在开放性的创意生态中，创意者经济进一步体现了共享经济的价值。通过吸纳更多的资源和资本，平台在拓宽自身收益的同时也为无数创意人才和文化机构提供了就业机会和收益来源。这种共享共赢的模式不仅提升了内容水准、实现了文化资源的商业变现，还带动了个人与中小企业的发展，并推动了社会主义精神文明建设的进程。

在互联网的技术优势下，创意者经济成功地将互联网平台经济与全产业价值链开发模式有机结合，形成了一个培育、竞争、过滤、开发、整合的价值开发回路。这种生态化的发展模式不仅促进了内容创作方式的多样化和内容风格的多元化，还通过精准的子平台管控和分众性的优质内容筛选满足了受众的多层次需求，对丰富当代大众文化起到了积极作用。

然而，在高度尊重个人创意和坚持有利于个体创意者的价值分配原则的同时，我们也不能忽视对文化产品的监管。平台企业需要在充分发挥大中型企业与公共组织创意应用平台（U+P）的创意主体作用的同时，注重传统文化的植入和人文、艺术与科技的融合，以增强故事内涵和内容情感，打造更多优质的数字文化产品，推动数字文化产业的可持续发展和高质量发展。

随着数字化浪潮的推进，文化产业正在经历一场前所未有的革命。数字创意产业作为这场革命的核心力量，正在重塑文化内容的创作、传播和消费模式，为文化产业带来前所未有的机遇和发展空间。

首先，数字创意产业通过引入新技术、新思维和新发展模式，为文化产业注入了新的生命力。在数字化信息时代，形式与语义的知识表达得到了全新的解读，内容创作的方式也随之发生了巨大变革。智能语音技术、无线网络传播、虚拟现实等前沿技术的应用，不仅丰富了文化创新的内涵，提升了文化的整体水平，还为文化产业带来了更多的跨界融合机会，推动其进入一个全新的发展阶段。

其次，数字创意产业让文化产品的生产和消费变得更加高效和便捷。借助互联网平台，数字文化产品如电脑游戏、电子书等可以实现即时全球发行，大大降低了制作和传播成本。这既为文化产业的创作者提供了更广阔的市场和更便捷的创作工具，也让消费者能够随时随地享受文化产品带来的乐趣。

　　此外，数字创意产业还推动了文化产业的转型升级。在数字化技术的驱动下，文化产业开始与高新技术深度融合，开发出更多具有高科技含量的新型文化产品。这些产品不仅满足了市场的多元化需求，还为文化产业的发展开辟了新的路径。同时，数字化技术也让文化产业的发展更具灵活性和适应性，能够更好地应对市场变化，满足不同地区、不同消费群体的需求。

　　联合国贸易和发展会议的报告揭示了一个引人注目的现象：即便在2008年金融危机及其后的经济低迷时期，创意经济依然展现出强大的生命力。从2002年至2015年，全球创意产品市场规模惊人地从2 080亿美元飙升至5 090亿美元，年均增长率高达7%以上。这一增长率不仅远超同期许多传统行业，更显示出创意经济作为"当前和未来投资热点"的巨大潜力。

　　无论是在发达国家还是发展中国家，创意经济在推动国家GDP增长方面都发挥着不可忽视的作用。以美国和巴西为例，两国创意经济对GDP的贡献率均超过10%。在美国，创意经济更是占据了GDP的11%，几乎与整个制造业的规模相当。

　　与此同时，全球数据流的增长速度已经超越了贸易和资金流的增长。这里的数据流指的是数字数据的传输，涵盖流媒体、实时监控数据发送以及实时通信等多个方面。这一现象不仅标志着数字技术的高速发展，更意味着数字创意正在成为全球经济的新引擎。

　　库恩的范式理论也为我们理解这一变革提供了有力工具。他认为，"科学革命"实质上是"范式转换"，即从一种旧的思维方式向新的思维方式转变。同样，数字创意经济的崛起也代表着一种全新的经济范式正在形成。这种范式突破了传统工业和技术领域的限制，使得发展中国家在适应数字化方面展现出更大的灵活性。因为对于这些国家来说,数字化不仅填补了原有社会生活中的空白,更成为他们实现经济跃迁的重要途径。

尽管在数字经济发展的程度上存在差异——发达经济体的数字经济占GDP的18.4%,而发展中经济体仅占10.0%,但主要的发展中经济体如中国、马来西亚和智利在数字资产的积累和使用上已经达到了与发达经济体相当的水平。即使在一些数字化程度较低的国家,数字经济也已经成为其GDP的重要组成部分。这充分说明数字技术已经渗透到全球经济的每一个角落,而数字创意则是推动这一变革的关键力量。

首先,数字创意产业成功地弥合了科学理论与信息技术实操之间的鸿沟,并促成了艺术文化与创意的完美结合。业内专家及大众普遍认为,创意产业发展初期的显著特点之一便是将商业管理的洞见引入文化研究领域,进而为新的商业机遇提供指导。数字创意产业不仅从信息通信技术的实践中提炼出可持续的方法论,例如游戏开发,还将这些经验反哺于文化创意产业。此外,该产业还系统性地将文化、美学及创新实践的见解扩展至技术领域,从而迫使教育体系必须加快步伐以适应工业的快速发展。

其次,数字创意产业扭转了文化悲观主义的潮流,这种悲观情绪曾一度主导了创意产业的评论界。特别是在英国,许多原本热衷于创意产业的人士现在却质疑其对文化发展的积极贡献。这在一定程度上揭示了学科分裂的问题:在文化、经济和技术创造力日益交融的背景下,文化研究、经济分析和技术进步是否无法协调?然而,将这些领域融为一体不仅符合跨学科研究的广泛趋势,还有助于大学与外部利益相关者的合作,而学科分裂则可能给人文学科带来重大损失。

再次,从现实角度来看,数字与创意的结合对未来就业市场至关重要。

尽管"机器人崛起"这一说法仍存在争议，但未来的工作模式很可能将围绕人工智能、大数据和物联网的紧密结合展开。显然，数字技术与创新能力的融合将为应对这种潜在"威胁"的毕业生提供一定程度的"未来保障"。

最后，全球文化贸易的数字化趋势日益明显，不仅商品和服务本身在经历这一过程，而且我们的购买、分享以及与社交媒体上同好的互动也越来越离不开数字化。例如，区块链等分布式账本技术的迅猛发展预示着治理自动化程度的提升，这将首先波及金融科技行业，进而对整个创意产业产生深远影响。在这样的背景下，数字技能已成为驾驭当代文化日益重要的核心要素。

总的来说，数字创意产业对文化产业的影响是深刻而广泛的。它不仅改变了文化产业的传统发展模式，还为其带来了新的发展机遇和动力。在数字化的推动下，文化产业将不断迈向新的高度，实现更加广阔和多元的发展。

第二篇
数字创意设计

第二章

数字视觉设计

2.1 数字视觉设计的基本原理

2.1.1 数字设计的定义

数字设计，是一种依托数字化技术，在各类电子屏幕媒介上精准地呈现信息、产品及服务的重要视觉交流手段。在当下这个信息化、数字化的时代，它已经成为人们获取、理解和使用信息的主要方式之一。不过，数字设计绝非仅仅是将传统的图形设计简单地搬移到数字界面上那么简单，它更是一种深刻理解用户需求、行为习惯以及充分利用数字媒介特性后的全新设计形态。

在数字设计的实践中，用户体验是核心要素之一。设计师需要深入研究目标用户群体的心理模型，理解他们的期望与需求，才能创造出既美观又易用的设计。比如，在APP（应用程序）的设计中，按钮的大小、位置，菜单的层级结构，甚至是动画的过渡效果，都需要经过精心考虑和反复测试，以确保用户能够轻松、自然地完成操作。

交互性也是数字设计区别于传统图形设计的重要特征。在数字世界里，用户不再是被动的信息接收者，而是可以通过点击、滑动、拖曳等方式，主动与界面进行交互，从而获取所需的信息或服务。这就要求设计师不仅要关注静态的视觉呈现，更要注重动态的用户体验流程设计。

此外，屏幕尺寸的差异也是数字设计中必须考虑的因素。从手机到平板，从笔记本到电视，各种设备的屏幕尺寸和分辨率千差万别。设计师需要运用响应式设计等技巧，确保自己的作品在不同的设备上都能保持良好的视觉效果和用户体验。

综上所述，数字设计是一门复杂而深奥的学问，它要求设计师不仅具备扎实的视觉设计基础，还需要对用户体验、交互设计、前端开发等领域有深入的了解和丰富的实践经验。只有这样，才能创造出真正符合用户需求、引领时代潮流的优秀数字设计作品。

2.1.2 数字设计的多样性

数字设计涵盖极为广泛，不仅深入到了我们日常生活的方方面面，更在不断地推动着科技的进步和社会的发展。它涉及的数字界面种类繁多，从手机、平板、电脑等个人设备的操作系统界面，到智能家居、自动驾驶汽车等前沿科技产品的交互界面，无不体现出数字设计的巨大影响力。

这些数字界面不仅是我们获取信息、交流沟通的重要窗口，更是我们体验科技魅力、享受便捷生活的关键所在。优秀的数字设计能够让我们更加高效、舒适地使用数字产品，提升我们的生活质量和工作效率。因此，数字设计的重要性不言而喻，它不仅是数字时代下的必然选择，更是推动社会进步的重要力量。随着科技的不断发展，我们有理由相信，数字设计将会在未来展现出更加广阔的应用前景和更加深远的影响力。为帮助读者理解，以下介绍几种常见的数字设计类型。

1. 网页设计

网页设计在数字设计领域中独占鳌头，是最受欢迎的表现形式。对于现代企业而言，一个网站的重要性不言而喻，它不仅是企业形象的展示窗口，更是传递信息、开展商业活动和提供娱乐内容的重要平台。在这个数字化时代，网站已经成为企业与外界沟通交流的桥梁和纽带。

一个优秀的网页设计能够为企业带来诸多好处。首先，它能够吸引更多的用户访问，提升企业的知名度和曝光率。其次，通过丰富多样的子页面设计，企业可以更加全面地展示自身的产品和服务，吸引潜在客户的关注。再次，网页设计还可以为企业提供在线销售、客户服务等功能，进一步拓展商业渠道，提升企业的竞争力。因此，网页设计在数字设计中的地位举足轻重，备受企业和设计师的青睐。

2. 登录页面的设计

作为网页设计中的一个重要细分领域，登录页面设计尤为注重营销效果的达成。与普通的网页设计相比，登录页面更加注重特定产品或服务的细致展示，力求在短时间内吸引用户的目光并引导他们进行点击、购买等操作。在设计过程中，强烈的呼吁和明确的行动指引是不可或缺的，它们能够有效地提升用户的参与度和转化率。

对于企业而言，针对不同的产品或服务设计独特的登录页面至关重要。这不仅可以确保每个产品或服务都能得到充分的展示和推广，还能保持品牌形象的一致性和协调性。通过精心设计的登录页面，企业可以更加精准地触达目标客户群体，实现营销效果的最大化。

3. 应用程序的设计

应用程序设计与网页设计在视觉呈现上有异曲同工之妙，但前者更注重功能的实现与用户体验的优化。在当下这个智能手机普及的时代，应用程序已成为人们生活中不可或缺的一部分。无论是想要轻松购物、高效管理日程，还是实时传递消息、享受音乐，各类应用程序都能满足用户的多样化需求，成为他们日常生活中的得力助手。

然而，一个成功的应用程序并不仅仅在于功能的强大，其界面设计同样至关重要。设计师需要确保应用程序的界面既美观大方，又能让用户轻松上手、流畅操作。只有这样，应用程序才能在激烈的市场竞争中脱颖而出，赢得用户的青睐与忠诚。

4. 应用程序图标的创意呈现

应用程序图标在数字世界中扮演着至关重要的角色，它们不仅仅是用户启动应用程序的关键按钮，更是品牌形象与核心价值的直接体现。在浩瀚的应用商店中，一个独特且易于识别的图标往往能够吸引用户的目光，成为他们选择并下载应用的关键因素。因此，对于设计师而言，为应用程序设计一款既具有创意又符合品牌调性的图标是一项极具挑战性的任务。

为了实现这一目标，设计师需要深入研究品牌的核心价值，提炼出能够代表品牌的视觉元素，并将其巧妙地融入图标设计中。同时，他们还需要关注图标的可识别性和易用性，确保用户在不同设备和场景下都能快速准确地识别出图标，从而顺畅地启动应用程序。

5. 横幅广告的数字表达

横幅广告，作为网页上一种常见且高效的小型广告形式，以其独特的交互功能和引人注目的设计效果，在数字营销领域中占据着举足轻重的地位。

这些精心设计的广告条幅不仅旨在提升品牌的知名度和影响力,更是将产品推广至更广泛的受众群体,从而引导潜在用户进一步了解详情,点击进入更为详尽的登录页面。

为了实现这一目标,横幅广告的设计至关重要。它们需要在极短的时间内迅速捕捉用户的注意力,通过鲜明、有趣且富有创意的视觉元素,以及简洁明快的文案信息,高效地传达广告的核心内容和品牌的价值主张。这样的设计不仅能够有效提升用户的点击率和参与度,更能为品牌形象的塑造和产品的市场推广奠定坚实的基础。

6. 3D设计的未来感

3D设计,作为一种在计算机上生成逼真三维图像的技术,已经广泛应用于各个行业领域。除了为人们熟知的娱乐行业(如引人入胜的视频游戏和生动逼真的动画电影)提供丰富的视觉内容外,3D设计在商业品牌展示和产品模型构建方面也发挥着越来越重要的作用。通过精细的3D模型,品牌能够更直观、更立体地展示产品特点和设计理念,使消费者在购买前就能获得全面的了解。此外,在建筑和城市规划领域,3D设计也已成为不可或缺的工具,可以帮助设计师和客户更清晰地预见未来的建设成果。这种技术为用户带来了前所未有的沉浸式视觉体验,仿佛让他们置身于一个真实而又神奇的三维世界中。

2.1.3　数字设计师的角色与分类

数字设计与平面设计紧密相连,它们相互依存,共同推动着设计领域的发展。在数字化时代,一个功能全面、操作便捷的设计软件对于设计师而言，无疑是提高工作效率、优化设计成果的利器。这样的设计软件不仅能够帮助设计师快速实现创意构思，还能提供丰富的设计元素和工具，让设计过程更加得心应手。

通过功能全面的设计软件，设计师可以轻松地进行图像处理、排版布局、色彩搭配等一系列设计工作，从而大大节省时间成本，提升设计品质。因此，在选择设计软件时，设计师应注重软件的实用性、稳定性和兼容性，确保软件能够满足各种设计需求，为他们的创作之路提供有力支持。

以下是几种常见的数字设计师角色。

1. 平面设计师

平面设计师在数字设计领域的角色举足轻重，尤其在品牌形象的塑造上更是不可或缺。他们深谙艺术指导之道，能够将品牌的核心价值与视觉元素巧妙融合，打造出独具匠心的设计作品。在排版设计方面，平面设计师更是行家里手，他们精通字体的运用与版面的布局，使得设计作品既美观大方，又能有效传达信息。色彩运用也是平面设计师的拿手好戏，他们善于运用色彩的语言，为品牌注入生动与活力。此外，在图形资产的创作上，无论是精致的图标还是别致的插图，平面设计师都能凭借他们的创意与技艺，为品牌增添独特的魅力。

2. 网页设计师

网页设计师是数字设计领域中的精英，他们专注于网站、登录页面等数字界面的布局规划和视觉设计，力求为用户带来卓越的在线体验。在这个多元化、响应式的数字化时代，网页设计师面临着前所未有的挑战。他们不仅需要确保网页在桌面电脑上展现出完美的视觉效果，还要兼顾平板、手机等各种移动设备的屏幕适配。为了实现这一目标，设计师必须精通各种前端技术和设计工具，灵活运用响应式设计原理，确保网页在不同设备上都能呈现出最佳效果。他们的努力与创新，使用户在任何设备上都能享受到流畅、美观且易于操作的网页体验，为数字世界增添了无限魅力。

3. 应用设计师

应用设计师在移动应用程序的开发过程中扮演着至关重要的角色。他们专注于应用程序的视觉设计工作，通过精心的布局和富有创意的设计元素，为用户呈现直观且吸引人的界面。为了确保应用程序的顺畅运行和用户获得满意体验，应用设计师与用户体验设计师紧密合作，共同研究用户需求和行为模式。

在设计过程中，应用设计师需要提供详细的离线模型文件，这些文件包含了界面的设计蓝图、交互效果以及必要的视觉元素。开发人员将根据这些离线模型文件来实现应用程序的各项功能，确保用户在操作过程中能够获得流畅且符合预期的体验。这种紧密的合作模式确保了设计与技术的完美结合，为用户带来了卓越的应用程序体验。

4. 用户体验（UX）设计师

用户体验设计师在数字设计领域中扮演着举足轻重的角色。他们通过深入研究用户的行为习惯、需求以及行业标准的可用性原则，精心制定数字产品的交互框架。这一过程旨在确保用户在使用数字产品时能够获得流畅、直观且愉悦的体验。

为了有效地传达设计理念并实现团队协作，UX设计师通常会运用线框图或原型图等视觉工具，清晰地展示设计成果。这些成果不仅为网络或应用程序设计师提供了坚实的基础支持，同时也为整个开发团队指明了方向。在数字产品的开发过程中，UX设计师的工作至关重要，他们的努力使产品更加贴近用户需求，从而提升用户的满意度和忠诚度。

5. 用户界面（UI）设计师

用户界面设计师在数字产品开发中担任着至关重要的角色，他们专注于精细设计数字界面中的各项实际元素，如按钮、文本框、图标等。这些元素不仅承载着用户与产品交互的重要功能，更是构成产品整体视觉风格的关键组成部分。UI设计师致力于创造出既美观又风格统一的界面，以确保用户在享受便捷操作的同时，也能获得愉悦的视觉体验。

为了实现这一目标，UI设计师会提供详尽的样式指南和模板表，为开发团队提供明确的参考标准。这些指南不仅涵盖了色彩、字体、布局等视觉设计要素，还对交互效果和动画过渡等细节进行了精心规划。通过遵循这些指南，开发团队能够高效地实现设计师的创意构想，共同打造出令人印象深刻的数字产品。

6. 产品设计师

产品设计师在数字产品开发中扮演着至关重要的角色，他们与用户体验设计师紧密合作，共同确保产品的成功。然而，与用户体验设计师不同的是，产品设计师更注重决定数字产品应该如何工作以及提供何种服务。他们需要从整体功能的角度出发，深入考虑产品的核心价值和用户需求，以确保产品能够满足市场的期望。

为了实现这一目标，产品设计师需要对市场趋势、竞争对手以及用户需求有深入的了解。他们还需要与工程团队紧密合作，确保产品的技术实现与设计方案相契合。通过综合考虑各种因素，产品设计师能够创造出既实用又具有创新性的数字产品，为用户带来卓越的体验。

7. 交互设计师

交互设计师在数字设计中扮演着举足轻重的角色，他们负责精心设计用户与界面之间的每一个交互瞬间。从用户点击按钮、滚动页面，到填写表单、提交信息，每一个细微的动作都需要经过交互设计师的精心策划和优化。他们通过巧妙的视觉反馈（如动画效果、过渡效果和微交互等）来增强用户的感知和体验，确保用户在操作过程中获得流畅、自然且愉悦的交互感受。为了实现这一目标，交互设计师需要深入了解用户的行为习惯和心理预期，同时熟练掌握各种交互设计原则和最佳实践。他们的努力使得数字产品更加贴近用户需求，提升了用户的满意度和忠诚度。

8. 动画师

动画师在数字设计中扮演着为界面注入生命的重要角色。他们不仅根据设计的需要创作各种自定义动画效果，还为网站、应用程序等数字平台的标题、徽标以及其他元素赋予独特的视觉魅力。与交互设计师的平面交互效果相比，动画师的作品更加生动立体，能够在用户与界面交互的瞬间带来令人难忘的视觉体验。

为了实现这些效果，动画师需要熟练掌握各种动画制作工具和技术，同时深入理解项目需求和目标受众。他们的创意和技艺不仅提升了数字设计的整体质感，也为用户带来了更加丰富、有趣的视觉享受。在数字世界中，动画师的存在让每一个界面都充满了活力和个性。

2.2 数字视觉设计工具与技术

数字艺术设计是遵循艺术设计原则所创造的视听图形与图像艺术。谈及数字艺术作品的创作过程，数字艺术软件的重要性不容忽视。随着互联网的蓬勃发展，众多数字艺术软件涌现，为设计师提供了创造独一无二的数字艺术作品的得力工具。为了在众多软件中脱颖而出，这些数字艺术软件不断融入创新功能与技术，力求为用户带来更加卓越的使用体验。

1. "即时设计"

"即时设计"是一款优秀的在线数字艺术软件，拥有各种硬件设备的标准尺寸，可以直接在编辑器中创建不同设备（如手机、平板电脑、电脑等）尺寸的画板，并预览设计效果。这款数字艺术软件支持互动事件演示、丰富的过渡动画、各种渐进的动态效果，轻松构建优秀的用户体验互动。"即时设计"还具有实时在线合作、交付、多功能文件导入、全球风格自动布局、团队合作等功能，有效解决了以往设计中团队沟通困难、设计效率低、资源管理混乱等难点。对于零基础的新手，"即时设计"资源广场有大量的设计资源、原型模板和材料、本地化字体资源、个性化插件等，可以让设计师敏捷、高效地开展工作。

"即时设计"界面

2. Photoshop（PS）

多年来，Photoshop一直是数字艺术设计师的首选。数字艺术软件Photoshop的功能非常强大。设计师可以用它来编辑图片、制作非常复杂和精细的数字艺术作品。学习PS的基础知识很容易，但学习所有的PS技能需要花费大量的时间和精力。

Photoshop界面

3. Affinity Photo

数字艺术软件Affinity Photo以其与PSD格式的最大兼容性而闻名，并且可以轻松迁移设计项目。这款软件的文件体量小于PS，静态图像编辑功能相当于PS，操作相对接近，有足够的性能处理百万像素的图像，缺点是没有Gif动画、视频制作等功能。

Affinity Photo界面

4. Painter

Painter是一款非常强大的自然绘画和插画软件，为数字艺术软件树立了基准，成为许多艺术家创作过程中不可或缺的一部分。它通常与数字板一起使用，单纯使用鼠标和键盘很难发挥其功能。它能更真实地模拟现实中各种绘画的笔触和效果。

Painter界面

5. Rebelle 5

如果需要创作自然水墨风格的数字艺术作品，可以使用数字艺术软件Rebelle 5。它有170多个笔刷预设，可以创作逼真的水彩画和丙烯酸作品。它的层和色彩工具可以实现独特的色彩混合，还可以通过"画笔创作者"面板定制逼真的画笔效果。

Rebelle 5界面

6. Procreate

数字艺术软件Procreate适用于iPad，其操作系统方便、色彩模式专业，可创建数百层图层，有蒙版、混合模式和130多种定制画笔可供使用，堪称设计师的"移动艺术空间"。但与桌面软件相比，数字艺术软件Procreate的功能并不丰富，缺乏专业3D工具的支持。

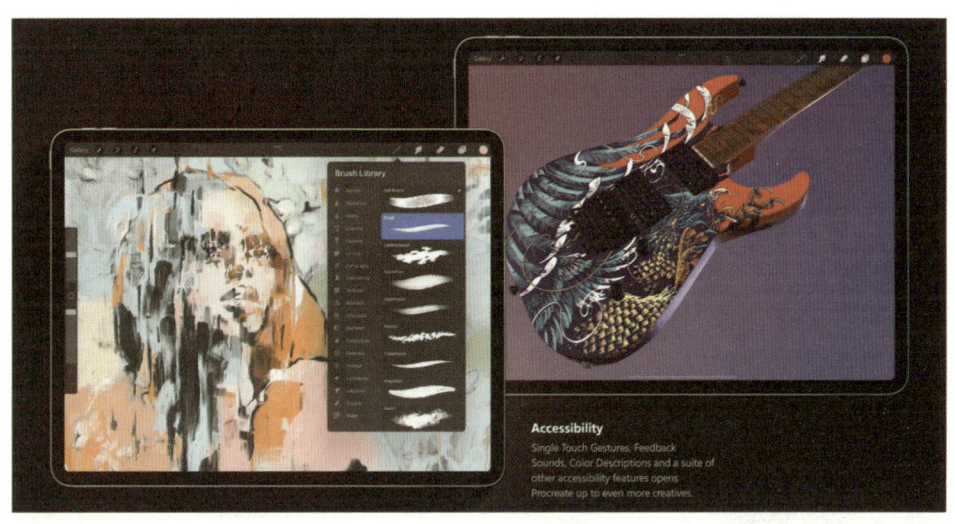

Procreate界面

7. Clip Studio Paint

Clip Studio Paint是漫画艺术和漫画创作中最好的数字艺术软件之一。它提供了自然和传统的感觉，并配备了笔压检测功能，在你使用数字板时，它能够提供更逼真的笔触。

Clip Studio Paint界面

8. Artweaver

Artweaver是一款集图像处理、选择、绘图等功能于一体的多功能数字艺术软件，支持BMP、GIF、PEG、JPEG、PCX、TGA、TIFF等各种常见图像格式。数字艺术软件Artweaver内置的画笔系统可以模拟圆形、喷枪、刷子、像素等多种不同的画笔，能够很好地满足用户的不同需求。

Artweaver界面

9. ArtRage

ArtRage是一款数字艺术软件，可以提供逼真的绘画质感和色彩，专注于自然媒体和绘画。它的功能足够灵活，包括自定义画笔、记录动作、自定义画布外观等。虽然数字艺术软件ArtRage的笔刷和功能没有Painter那么丰富，但操作更简单，更容易上手，价格更实惠。

ArtRage界面

10. Krita

数字设计软件Krita是一款自由开源的免费绘画软件，不需要注册，没有内部购买、广告、试用期或商业限制。其功能强大，可以进行从起草、勾线、着色到最终调整的绘画过程，能够绘制概念草图、插图、漫画、动画、接景、3D地图，也支持数字板、压力、防抖、层、滤镜、色彩管理等功能。

Krita界面

11. TwistedBrush Pro Studio

数字艺术软件TwistedBrush Pro Studio配备了9 000多个笔刷，有数百种不同的画笔可供选择，还可以创建自定义的画笔，此外，数字艺术软件

TwistedBrush Pro Studio还有图层、透明度、蒙版、图像滤镜等，支持绘图板，具有高精度的采样和压力灵敏度。但是过多的笔刷意味着要找到最合适的笔刷，也是一件相当耗时的事情。

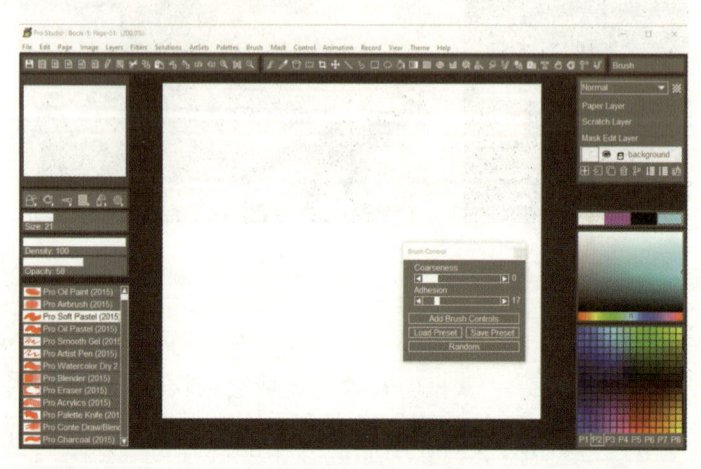

TwistedBrush Pro Studio界面

12. GIMP

GIMP是一款免费开源、跨平台的数字艺术软件，可用于GNU/Linux、macOS、Windows和其他操作系统。数字艺术软件GIMP具有完善的图像处理功能，提供笔刷、变形、填充等基本图像处理功能，以及滤镜、色彩变换等先进功能，可满足专业需求。缺点是更新速度慢，Mac界面有点复杂。

GIMP界面

2.3 数字视觉设计的应用领域

计算机视觉技术是一种模拟并强化人类视觉能力的科技与算法的结合，在众多行业中都发挥着举足轻重的作用。下面列举该技术一些主要的应用场景。

2.3.1 图像辨识与归类

作为计算机视觉领域的一大分支，图像辨识与归类技术具有广泛的应用前景。该技术通过先进的算法和模型，能够准确地从复杂图像中识别出各种对象、环境或模式，无论是人脸、车辆还是动物等，都能得到精准的分类和识别。这种技术的应用范围极为广泛，不仅可以用于安防领域的人脸识别和车辆追踪，还可以应用于生态环境保护中的动物种类识别和保护。此外，在图像检索、智能相册管理以及推荐系统等方面，图像辨识与归类技术也发挥着举足轻重的作用。随着人工智能技术的不断发展和完善，相信图像辨识与归类技术将在更多领域展现其强大的应用潜力，为人们的生活和工作带来更多便利和惊喜。

2.3.2 目标物体检出

目标物体检出技术是计算机视觉领域中的一项杰出技术，它能够在图像中迅速且准确地定位到特定的物体，并清晰地勾勒出其边界轮廓。这项技术在视频监控、自动驾驶以及安全防护等众多领域中都发挥着至关重要的作用。在视频监控中，它可以帮助我们迅速锁定目标，提高监控效率；在自动驾驶领域，它能够准确识别道路上的障碍物，保障行车安全；在安全防护方面，它能够及时发现潜在的安全隐患，为我们的生活提供坚实保障。随着科技的不断进步，目标物体检出技术将会越来越成熟，为我们的生活带来更多的便利和安全保障。

2.3.3 图像切割

图像切割技术是计算机视觉领域的一项重要技术，它能够将复杂的图像分割成多个独立的区域，或者精准地提取出图像中的关键部分。在医学图像分析领域，这项技术被广泛应用于病灶定位、组织分割等方面，为医生的诊断和治疗提供了有力支持。同时，在自然风景图像的分割中，图像切割技术也发挥着重要作用，能够帮助我们更好地理解和欣赏自然美景。此外，图像切割技术还可以应用于人脸识别、目标检测等众多领域。随着技术的不断发展，图像切割技术将会在更多领域展现其强大的应用潜力，为人们的生活和工作带来更多便利。

2.3.4 人体姿态分析

人体姿态分析技术作为计算机视觉领域的前沿科技，具备强大的捕捉与估算能力。通过精准识别人体的关键部位及姿态，这项技术为动作捕捉、人机交互等应用领域提供了坚实的支撑。在动作捕捉方面，人体姿态分析技术能够实时追踪并记录人体的运动轨迹，为动画制作、运动训练等领域带来革命性的变革。同时，在人机交互领域，该技术使得计算机能够更自然地理解人类的动作与意图，从而提供更加智能、便捷的服务。随着技术的不断进步与创新，人体姿态分析技术将在更多领域展现其巨大的应用潜力，为人们的生活与工作带来更加丰富的体验。

2.3.5 身份验证之人脸识别

身份验证领域的重要突破——人脸识别技术，已经通过对面部特征的精细分析，实现了广泛的应用。这项技术能够准确捕捉并解读人脸的细微特征，从而进行高效、准确的身份验证。在现代社会，人脸识别已被广泛应用于各种场景，如门禁控制系统，通过快速识别人脸信息，实现安全便捷的出入管理；在社交媒体平台上，人脸识别技术也发挥着重要作用，帮助用户快速标记和识别好友，增强社交互动的体验。此外，随着技术的不断进步，人脸识别在支付验证、公共安全等领域的应用也在逐步拓展。这项技术的广泛应用，不仅提升了身份验证的效率和准确性，也为人们的生活带来了更多便利和安全保障。

2.3.6 手势辨识

手势辨识技术是一项前沿的科技，它能够精准地检测和解读人们的手势动作，为人机交互、虚拟现实等领域注入了新的活力。这项技术通过对手势的细致捕捉和深度解析，使得人们能够以更自然、更直观的方式与计算机进行交互，无须依赖传统的键盘、鼠标等设备。在虚拟现实领域，手势辨识技术更是为用户带来了沉浸式的体验，让人们能够更自由地与虚拟世界进行互动。此外，这项技术还在智能家居、游戏娱乐等领域展现出了广阔的应用前景。随着技术的不断进步和创新，手势辨识技术将为人们的生活带来更多便利和乐趣，推动人机交互方式向更加智能化、自然化的方向发展。

2.3.7 光学字符识别（OCR）

OCR技术是一种能够从图像或文档中高效识别出文字信息的先进科技。它通过智能算法和图像处理技术将纸质文档或电子图片中的文字转换成可编辑、可搜索的电子文本，从而极大地推动了文档数字化与办公自动化的发展。OCR技术的应用范围广泛，不仅在图书馆、档案馆等文化机构中发挥着重要作用，也在企业、政府等各个领域中得到了广泛应用。通过OCR技术，人们可以更加便捷地管理和利用大量文档资料，提高工作效率和准确性。同时，随着技术的不断进步和创新，OCR技术的识别能力和应用范围也在不断扩大，将为人们的生活和工作带来更多便利和效益。

2.3.8　医学影像的深度解读

医学影像的深度解读技术为现代医学诊断带来了革命性的变革。借助先进的计算机视觉算法，医生能够以前所未有的精度和效率深入剖析医学图像中的复杂信息。这项技术不仅能够准确识别病变部位，还能对病灶的性质、大小、形态等进行全面评估，为医生制定个性化、精准化的诊疗方案提供了有力支持。此外，医学影像的深度解读技术在疾病早期筛查、预后评估等方面也展现出巨大潜力，有望帮助医生更早地发现疾病迹象，提高患者治愈率和生存质量。随着技术的不断进步和临床应用的深入，医学影像的深度解读技术将为人类健康事业贡献更多力量。

2.3.9　无人驾驶

无人驾驶技术作为当今科技领域的热门话题，正日益成为改变未来交通方式的关键力量。它凭借先进的传感器和算法，能够助力车辆精准地感知并理解道路状况、交通标识以及其他重要信息，使车辆在行驶过程中能够自主决策，有效规避潜在风险，确保行车安全。同时，无人驾驶技术的应用也将极大提升交通效率，减少拥堵和交通事故的发生，为人们的出行带来更加便捷和舒适的体验。展望未来，随着技术的不断创新和成熟，无人驾驶技术有望在全球范围内得到广泛应用，为智慧交通的发展注入强大动力。

2.3.10　工业质检与监控

工业质检与监控技术是现代工业生产中不可或缺的一环。凭借先进的计算机视觉算法和图像处理技术，这项技术能够在生产过程中迅速而准确地检测出产品缺陷，并精确测量产品尺寸，从而确保每一件产品都符合严格的质量标准。这不仅大大提高了生产效率、降低了人力成本，更在很大程度上提升了产品质量和客户满意度。通过实时监控和数据分析，企业还能够及时发现生产过程中的问题，有针对性地进行优化和改进，进一步提升生产效率和产品质量。可以说，工业质检与监控技术是工业生产自动化的重要推动力，也是企业赢得市场竞争优势的关键所在。

2.3.11　农业智能化管理

农业智能化管理技术正逐渐改变着传统农业生产方式，成为农业现代化的重要推手。利用先进的传感器和数据分析技术，农业工作者能够实时监测作物的生长环境，包括土壤湿度、温度、光照等关键指标，从而精准掌握作物的生长状况。同时，该技术还能通过图像识别和模式分析，及时发现病虫害等农业问题，帮助农业工作者迅速采取防治措施，避免情况恶化。这种智能化管理方式不仅提高了农业生产的效率和质量，还为农业生产提供了有力的数据支持和科学决策依据。展望未来，随着技术的不断创新和普及，农业智能化管理将为农业生产带来更加广阔的发展前景。

2.3.12 虚拟与增强现实

虚拟与增强现实技术为用户带来了前所未有的沉浸式体验，让用户能够更为自然地与虚拟或增强的现实世界进行互动。借助先进的头戴式显示器（以下简称"头显"）、手势识别等设备，用户可以轻松地融入虚拟环境中，与虚拟对象进行实时交互，享受身临其境的感觉。同时，增强现实技术还将虚拟信息叠加到真实世界中，让用户能够在现实环境中获得额外的信息和提示，提升了用户的感知和决策能力。这种虚拟与现实的融合不仅丰富了用户的感官体验，还为教育、医疗、娱乐等多个领域带来了创新的应用场景。随着技术的不断发展，虚拟与增强现实技术将成为改变人们生活方式的重要力量。

2.3.13 视频内容的深度分析

视频内容的深度分析技术凭借其强大的算法和模型，已能对视频流执行一系列高级处理，如运动检测、行为识别以及目标跟踪等。通过对视频中的像素、色彩、光影等细微变化的捕捉和分析，这项技术能够精确识别出视频中的运动物体，并对其行为进行深度解读和分类。同时，它还能对特定目标进行持续、稳定的跟踪，无论是在复杂的背景中，还是在目标形态发生变化的情况下，都能保持高度的准确性和稳定性。这种深度分析技术的应用，不仅极大地提升了视频内容的智能化处理水平，也为视频监控、智能安防、自动驾驶等领域带来了革命性的变革和提升。

2.3.14 文档内容的深度挖掘

文档内容的深度挖掘技术凭借其卓越的自然语言处理能力，已能深入解析文档的内在结构与语义。这项技术不仅能精准识别文档中的关键词语和短语，更能理解它们之间的逻辑关系和上下文含义，从而揭示文档的核心思想和主旨。这为自动生成摘要、信息检索等应用提供了强大的支持，使得用户能够更快速、更准确地获取文档的关键信息。此外，文档内容的深度挖掘技术在智能问答、推荐系统等领域也展现出巨大的潜力，有望为人们的工作和生活带来更多便利。随着技术的不断进步和创新，文档内容的深度挖掘技术将为信息处理和知识管理带来更加革命性的变革。

2.3.15 智能交通管理系统

智能交通管理系统是现代城市交通管理的得力助手，它运用先进的技术手段，能够实时、准确地监测交通流量，并快速识别车辆信息。通过收集和分析这些数据，该系统为智能交通信号控制提供了有力的数据支撑，使得交通信号的调整更加科学、合理，可以有效缓解交通拥堵现象。同时，智能交通管理系统还具备强大的信息处理和分析能力，能够及时发现交通异常情况，并迅速做出响应，确保道路交通的安全与顺畅。此外，该系统还能够为交通管理部门提供丰富的数据资源，帮助他们更好地制定交通管理策略，提升城市交通管理的智能化水平。

第三章

数字交互设计

3.1 交互设计的基本理念

数字交互设计，作为一种新兴的设计理念和方法，已经深入到了我们生活的方方面面。从每日必用的手机应用，到工作学习中的各类网站和平台，再到娱乐放松的电子游戏，数字交互设计的影子无处不在。它不仅仅是一种技术或工具，更是一种思维方式，一种以用户为中心、强调实时互动和多元体验的设计理念。

3.1.1 数字交互设计的核心理念

数字交互设计的核心理念在于与用户的即时互动。这种互动不仅仅是简单的点击或滑动，而且涉及文字、图像、声音、视频等多种元素的综合运用。设计师需要巧妙地运用这些元素，与用户建立起一种紧密而自然的联系，从而为用户带来更加卓越的使用感受。

这种使用感受并不是孤立的，而是与用户的日常生活和工作紧密相连。一个好的数字交互设计应该能够准确地把握用户的需求和期望，提供直观、易用、高效的操作体验。同时，它还应该具有一定的情感共鸣，能够触动用户的内心，引发他们的共鸣和认同。

3.1.2 数字交互设计师的技能与工具

要实现这样的设计理念，数字交互设计师需要具备一系列的技能和工具。首先，他们需要具备坚实的设计基础，包括色彩、排版、图形等基本的视觉设计要素。这些要素是构成数字界面和互动体验的基础，也是与用户进行沟通的桥梁。

其次，数字交互设计师还需要熟练掌握各种前端开发技术，如HTML（超文本标记语言）、CSS（内容服务交换器）等。这些技术是实现设计理念的关键，只有将设计理念转化为实际可用的数字化产品，用户才能真正地感受到设计的价值。

再次，数字交互设计师还需要借助一系列的工具来评估和提升设计成果。这些工具包括可用性测试、A/B测试、原型构建、信息架构等。可用性测试可以帮助设计师发现设计中的问题和不足，A/B测试可以比较不同设计方案的效果，原型构建可以快速地将设计理念转化为可视化的产品，信息架构则可以帮助设计师更好地组织和呈现信息。

3.1.3 数字交互设计与传统设计的区别

与传统的印刷品设计相比，数字交互设计有着明显的区别。首先，数字交互设计更加注重数字和在线环境的特性。这意味着设计师需要更加关注界面的反馈、媒介的特点以及用户与技术的互动关系。例如，在移动应用的设计中，设计师需要考虑到屏幕尺寸、触摸操作、网络状况等因素，以确保用户能够流畅地使用。

其次，数字交互设计更加注重用户的实时互动和多元体验。这意味着设计师需要运用各种手段和工具来与用户进行沟通和交流，以了解他们的需求和期望。同时，设计师还需要运用各种元素和技术来创造丰富多样的互动体验，以满足用户的多层次需求。

3.1.4 数字交互设计的挑战与机遇

虽然数字交互设计为设计师带来了更多的机遇和可能性，但同时也带来了更高的挑战和要求。首先，数字交互设计需要设计师具备更加全面的知识和技能。除了基本的设计技能外，设计师还需要掌握编程语言、基础算法等相关技术知识，以适应数字环境的持续发展和变化。

其次，数字交互设计需要设计师具备更加敏锐的用户洞察力和市场洞察力。只有准确地把握用户的需求和市场的发展趋势，设计师才能创造出真正符合用户期望和市场需求的产品。

然而，这些挑战也为设计师带来了更多的机遇和发展空间。随着数字技术的不断发展和普及，数字交互设计的应用范围将越来越广泛。无论是在智能家居、智能汽车等新兴领域，还是在医疗、教育等传统领域，数字交互设计都将发挥越来越重要的作用。

3.2 用户体验与界面设计

3.2.1 用户体验（UX）

用户体验（UX）这一术语起源于美国学者唐·诺曼，他也是尼尔森诺曼集团的共同创始人，该集团对用户体验的总结定义被广泛接受为核心概念。这一理念强调了用户在与公司产品及服务互动过程中的所有方面。与以完成任务为中心的物的思维不同，用户体验的核心在于以用户为中心的人机交互思考。尽管早期的易用性研究侧重于物在任务中的学习性、性能、效率、记忆性、记忆延续性、错误率及错误承受能力，但随着时间的推移、用户体验的范畴逐渐扩展，仍未脱离以物为主的功能导向性范畴。

用户体验描述的是个人在使用特定产品、系统或服务时所展现的行为、情感与态度。这涵盖了人机交互以及拥有产品时的操作、体验、情感、意义与价值等多个层面。此外，用户体验还反映了用户对系统功能、易用性和效率的主观感受与看法。

用户体验具有动态性，它随着使用情况、系统以及背后的情境与脉络的不断变化而变化。简而言之，用户体验关注的是用户如何与产品互动以及他们对产品的整体感受。

根据ISO 9241-210标准，用户体验被定义为用户在使用或参与产品、系统、服务时所产生的感觉和反应。这包括用户的情绪、信仰、偏好、感受、生理与心理反应、行为以及相关的前、中、后期影响。用户体验受到系统、用户以及使用环境三个主要因素的影响。

用户体验是任何设计与创新流程中的核心要素，它涉及用户参与建筑环境、工作环境及生活环境的设计与优化，同时也涵盖了用户在IT产品设计及改进中的互动。在IT应用领域，用户体验主要源自用户与人机界面的交互作用。然而，在早期的软件设计中，人机界面常被视作功能核心之外的简单"包装"，并未受到足够的重视。

这种观念导致人机界面的设计与功能核心的开发相互独立，且往往在开发流程的后期才开始涉及。这种方式极大地限制了人机交互设计的可能性，并带来了极高的风险。因为在开发后期修改功能核心设计成本高昂，所以牺牲人机交互界面成了唯一的妥协方案。这种带有猜测性和风险性的开发模式很难创造出令人满意的用户体验。

客户服务，从广义上讲，也是用户体验的重要组成部分，因为它与产品自身的设计紧密相连。尽管客户服务主要依赖于人员的素质，并且对于已经上市的产品来说改变空间有限，但优秀的设计可以减少客户服务的工作量，从而降低公司在客户服务方面的投入，并减少因客户服务质量不佳而导致的用户流失。

当前流行的设计流程强调以用户为中心，从开发初期就将用户体验纳入考虑，并贯穿整个开发过程。这样做的目的是确保：

① 对用户体验有准确的预期；

② 深入了解用户的真实期望和目标；

③ 在功能核心仍然能够以较低成本进行修改时，对设计进行调整；

④ 确保功能核心与人机界面之间的协同工作，减少错误和问题的出现。

随着用户中心设计理念的持续深化，关于设计和提升用户体验的重要性也引发了一些质疑和探讨。简而言之，"其重要性源于它与用户需求的直接关联——仅凭这一点就已足够显著"。

虽然以用户为中心和以可用性为核心的设计能让我们的网站独树一帜，但在客户充分理解这种设计理念之前，我们的设计决策主要基于两点：我们的创意构想和用户期望。

我们根据自己的理解来构建交互——我们为自己而设计。在完全以美学和品牌为主导的情况下，用户体验往往被忽视。

在缺乏现成的科学理论支持时，我们进行设计往往是基于直觉和创意，认为最终成果会是优秀的，因为它们是我们创造出来的（基于我们的想法），并且满足了客户的需求。

然而，过去的二十年见证了互联网领域的巨大变革，其普及程度不言而喻。但与此同时，互联网的复杂性和功能丰富性也日益增长。为了保持高效性，良好的用户体验设计变得至关重要。

此外，用户访问网站的方式也变得多样化，包括移动设备、各种浏览器以及不同的互联网连接方式。

我们也逐渐认识到可用性的重要性。对于我们的互联网产品而言，仅仅满足屏幕阅读器和非传统输入设备的需求是不够的，还需要考虑那些没有宽带连接或使用老旧移动设备的用户等多种情况。

用户体验设计是互联网产品设计中不可或缺的关键环节。其目的在于通过精心打造产品的用户体验，使用户在接触产品时产生依赖感、情感共鸣，并真正喜爱上这款产品。然而，当前众多互联网企业过于追求性能与炫酷的视觉效果，却忽视了产品设计中最为重要的用户体验设计。APP的用户体验对于产品的上线效果及未来发展具有深远的影响。下面，我们将从战略、范围、结构、框架和表现五个核心层面，深入探讨APP用户体验的主体内容。

首先是表现层，它是用户首次直观看到产品页面时的视觉感受。在这一层面，我们需要关注图文搭配是否和谐合理、是否具有强烈的视觉冲击力和吸引力。对于移动产品设计而言，APP的每一个页面都是由图片和文字精心组合而成。其中，部分图文具备互动链接功能，可供用户点击跳转；而其他图文则主要用于营销展示或增强页面美感。APP中各个信息元素的排列布局都旨在提升产品的视觉美观度和流畅感，同时满足产品的功能需求。因此，每一项设计都对产品体验产生着重要的影响。

接下来是框架层，它实质上是指APP的用户界面（UI）设计，包括界面设计、导航设计和信息模块设计。框架层涵盖了各种按钮、控件、照片、文本区域等元素的设计。它的主要任务是优化设计布局，将产品的功能以用户易于理解的方式做最佳的布局和设计，从而实现各个元素的最大效果和效率。这就是框架层需要解决和思考的问题。

再来看结构层，它相对于框架层而言更为抽象。框架层是结构的表达形式，而结构层则将框架的抽象设计概念转化为用户可感知的信息层。例如，在导航设计上，框架层确定了各个功能的位置，而结构层则设计用户如何到达这些功能的跳转效果。结构层主要涉及APP产品的交互设计和信息架构的搭建，这对最终用户的体验过程产生直接影响。

范围层确定了APP各种特性和功能页面最适合的搭建方式。这些页面的功能和性能共同构成了产品的范围层。例如，对于产品某个页面需要哪些功能、如何满足用户的各种需求和期待等问题，就属于范围层要解决的问题。

最后是战略层，它主要涉及产品目标和用户需求。在设计产品之初，我们首先需要明确一个目标策略，即想要开发一个具备哪些具体功能的产品。只有目标明确，后续的设计和开发工作才能更加有针对性地围绕这个目标和需求展开。

3.2.2 用户界面（UI）设计

用户界面（UI）设计是涉及多个交叉学科的领域，在软件产品的开发中占据重要地位。它不仅与用户体验（UX）、交互设计（ID）紧密相连，还与视觉/平面设计（Visual/Graphic Design）息息相关。

在《现代汉语词典》中，"界面"被定义为物体与物体之间的接触面，进一步延伸到人与物品（如人造物、工具、机器）在互动过程中所涉及的界面或接口。以汽车为例，其方向盘、仪表盘以及中控系统都属于用户界面的范畴。从构成上来看，虽然用户与界面是两大核心部分，但实际上用户与界面之间的交互关系同样重要，因此，用户研究、交互设计以及界面设计构成了其三大支柱。

在常规语境下，UI是"User Interface"的缩写。其中，"Interface"的前缀"Inter"蕴含了"在一起、交互"的意味，但遗憾的是，在翻译为"界面"后，"交互"这一层含义并未得到充分的体现。

要深入理解UI的概念，可以从以下三个维度进行探究。

首先，UI是人与信息交互的桥梁，它不仅是信息产品的功能承载者，更是其显著特征。UI以系统可用性的形式存在，尤其是以视觉为主的界面，它着重于视觉元素的排列和展现。这属于物理表现层的设计，涵盖了图形、图标、色彩、文字等设计元素，用户正是通过这些元素来与系统进行交互。在这一层面上，UI可以被理解为"用户界面"，这是实现人机交互的基础。

其次，UI涉及信息的采集与反馈、输入与输出，这是基于界面而产生的人与产品之间的交互行为。在这一层面上，UI可以理解为"用户交互"，这正是界面存在和发挥作用的核心所在。人与非物质产品的交互在很大程度上依赖于程序的无形运作，这种与界面相匹配的内部运行机制需要通过界面对功能的隐喻和引导来实现。因此，一个优秀的UI不仅要有吸引人的视觉表现，还要具备便捷的操作性，以符合用户的认知和行为习惯。

再次，UI的高级形态可以理解为"User Invisible"。在这一层面上，UI对用户而言是"不可见的"——这并不意味着它在视觉上是隐藏的，而是指用户能够在不感知界面的情况下自然地与系统交互，完全沉浸在他们喜欢的内容和操作中。这需要深入研究用户心理和用户行为，从用户的角度出发来设计界面的结构、行为和视觉等方面。在大数据的背景下，交互将变得更加自由、自然且无处不在。随着科学技术、设计理念以及多通道界面的不断发展，直至普适计算界面的出现，用户体验到的交互将变得更加下意识甚至是无意识的。

综上所述，UI设计师的角色涵盖了软件图形设计师、交互设计师以及用户研究工程师的职能。

3.2.3 设计流程概述

1.明确核心用户群体

在UI设计的初始阶段,需求分析师会精准定位软件的核心用户群体,深入了解终端用户与直接用户的需求细节。这是因为不同的用户群体有着不同的交互需求和期望。例如,针对科学研究员和初级电脑用户的设计策略会有显著的差异。

2.研究用户交互习惯

为了创建符合用户期望的交互体验,设计团队需要深入研究各类用户的交互习惯。这些习惯通常源于用户在现实生活中的交互经验以及他们使用其他软件时的交互模式。在此基础上,设计团队通过系统的用户调研和分析,进一步明确用户期望的交互效果,并据此制定详细的交互流程。

3.有效引导与反馈

优秀的软件设计始终将用户置于操作的中心。它应当响应用户的操作并提供清晰、及时的反馈。这意味着每当用户执行一个操作或触发一个事件时,软件都应当通过适当的方式提示用户操作的结果,并引导他们进行下一步的操作。

4.保持设计一致性

一致性是优秀UI设计的关键原则之一。这包括设计目标的一致性,即软件的各个组成部分(如组件、元素等)都应服务于统一的设计目标。例如,如果设计以简化界面逻辑为目标,那么这一理念应贯穿于软件的各个层面。此外,元素外观和交互行为的一致性也至关重要。统一的外观风格有助于用户保持注意力,而一致的交互行为则能降低用户的学习成本。

5.确保可用性

可用性是衡量UI设计成功与否的重要标准。一个可用的软件界面应当易于理解、可达且可控。这意味着用户应能迅速理解界面元素的功能，并能通过简单的操作达到他们的目标。同时，软件的交互流程和执行流程都应置于用户的控制之下。在无法提供完全控制的情况下，设计应至少以用户易于理解的方式提供必要的提示和引导。

3.2.4 设计方向概述

UI设计可细分为三个核心方向：用户研究、交互设计和界面设计。

首先是用户研究，这是一个跨学科领域，汇聚了可用性工程学、人类功效学、心理学等多学科的知识。用户研究不仅关注如何提升产品的可用性，使用户能更轻松地学习、记忆和操作，还深入挖掘用户的潜在需求，为技术创新提供新的视角和方法。通过深入研究用户的工作环境、使用习惯等，在产品开发初期就将用户的期望和要求融入其中，从而优化产品设计或催生新的产品概念。它是获取用户需求和反馈的桥梁，也是评估界面与交互设计有效性的重要标尺。

其次是交互设计，这一领域曾长期由程序员主导，但程序员往往更擅长编码，而非与终端用户交互。这导致许多软件功能强大但交互设计粗糙，难以使用和学习。因此，交互设计逐渐从编程工作中独立出来，成为专门的人机交互设计学科。其目标是增强软件的易用性、易学性和易理解性，使计算机真正成为服务人类的便捷工具。

再次是界面设计，尽管在软件发展的漫长历程中界面设计常被忽视，但它实际上是产品吸引力的重要组成部分。一个美观友好的界面不仅能提供愉悦的视觉体验，还能拉近人与计算机的距离，为产品增添卖点。界面设计远非简单的美术绘画，它需要考虑用户定位、使用环境和使用方式，始终为最终用户而设计。这是一个科学性与艺术性相结合的设计过程，其成败的唯一标准是最终用户的感受。因此，界面设计与用户研究紧密相连，是一个不断追求用户满意的视觉效果的过程。

在用户界面设计中，遵循一定的设计规范至关重要。这些规范确保了界面的一致性、准确性和高效性，从而提供优质的用户体验。

1. 一致性规范

设计应始终围绕用户体验展开，界面应直观简洁、操作便捷。对于字体，应保持一致的样式和颜色，避免在同一主题中使用多种字体。不可编辑的字段应统一显示为灰色文字。对齐方式也应保持一致，避免同一页面出现多种对齐方式。在表单录入时，必填项应明确标识，并对输入数据进行类型和格式校验。可点击元素应切换鼠标手势至手型，以提供明确的交互反馈。功能及内容描述应保持统一，避免使用多个词语描述同一功能。

2. 准确性规范

信息显示应明确无误，使用一致的标记、缩写和颜色。错误信息应有意义，而非简单的错误代码。避免将文本输入框用于放置不可编辑内容。使用缩进格式和中文来提高可读性，并使用用户易于理解的词语。高效利用显示空间，保持语言的一致性，如"确定"与"取消"的对应关系。

3. 可读性规范

文字长度应适中，避免过长导致阅读困难或过短造成断裂效果。字符间距和行间距应足够，以确保阅读的流畅性。文本对齐方式也很重要，通常习惯向左对齐。布局应合理，遵循用户从上而下、自左向右的浏览和操作习惯。常用功能按键应避免过于分散，保持界面的简洁性和专注性。

4. 布局与导航规范

菜单应保持简洁且分类准确，避免深度超过三层。确认操作按钮通常置于左边，取消或关闭按钮置于右边。未完成功能应隐藏处理，以免引起误解。文字内容排版应避免贴边显示，保持适当的间距并垂直居中对齐。表格数据列表应根据字段类型对齐显示，并统一小数位数。页面导航应清晰明了，提供面包屑导航栏以明确用户位置。信息提示窗口应居中显示，并适当弱化背景以减少干扰。

5. 系统操作合理性规范

设计应考虑键盘操作的便捷性，确保常用业务操作可通过键盘完成。查询检索页面应支持回车键触发查询操作。不可逆或删除操作应有明确提示并让用户确认。信息提示窗口的确认和取消按钮应映射到键盘按键上。避免使用双击动作以减少操作难度和误解。表单录入页面应将输入焦点定位到第一个输入项，并支持Tab键切换。

6. 系统响应时间规范

响应时间应适中，过长或过短都可能影响用户体验。2~5秒的响应时间可显示处理信息提示；5秒以上应显示处理窗口或进度条；长时间处理完成时应给予完成提示信息。这些规范有助于确保系统的响应性与用户期望保持一致。

3.2.5　UI 设计与 UX 设计的区别与联系

尽管UI设计和UX设计在某些方面有重叠，但它们各自具有独特的技能要求。UX设计更注重产品的整体架构、功能以及用户在使用过程中的感受。它涉及信息架构、用户研究、任务测试和商业分析等多个方面。而UI设计则更侧重于视觉呈现和交互设计，确保用户在视觉上也能获得愉悦的体验。

3.3 交互设计的最新趋势

产品设计的外化过程涵盖了对硬件产品的形态构建、操作模式以及人机互动等方面的细致规划。这一过程实质上是将产品的抽象概念转化为具体、可感知的实体形态，旨在确保用户能够在使用产品时获得高效、舒适且和谐的体验。

作为产品开发流程的起点，交互设计（ID）阶段的优劣对产品后续的研发进展及市场表现具有深远影响。在此过程中，产品经理必须综合考虑使用场景交互性、形态美学、材料选择以及表面工艺处理等关键因素，如下图所示。尽管产品经理无须亲自进行设计绘制，但他们必须始终坚守对产品整体方向和定位的精准把控。

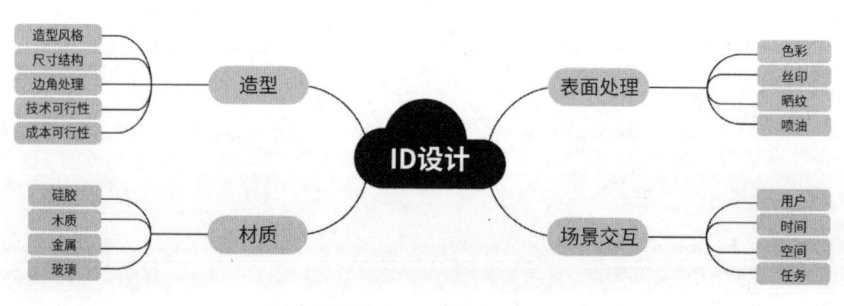

交互设计（ID）的关键因素

在进行产品需求分析和设计之初，有四个核心要素必须考虑：角色、场景、时间和任务。不同角色对同一产品的需求差异显著。以播放器为例，老年人可能偏好音量大且操作简便的款式，而儿童则需要音量适中、保护听力的设计，年轻人则更看重音质和功能多样性。

假设我们正在研发一款面向儿童的机器人，那么设计思考将围绕儿童的年龄、需求、操作能力展开。我们需要关注产品的特殊性，比如机器人的尺寸、材质选择，以及是否在白天或夜晚使用。这些因素的考量对于满足不同用户、时间和场景的需求至关重要。产品经理需将这些细节明确传达给ID设计师，以确保最终设计符合用户期望。

对于ID设计师而言，深入理解场景是至关重要的。不同产品类型对应的场景各不相同。接下来，我们将通过两个案例来探讨为什么从用户场景出发是如此重要。"场景"这一概念涵盖了地点、环境以及用户的心理状态等多个方面。

案例一探讨了洗浴室球形门锁在不同场景下的使用情况。在手部干燥的状态下，用户能够轻松开关门；但在手部湿滑或门锁有水汽时，操作变得困难。此外，当用户手持物品时，他们必须放下物品才能拧动门锁。这些场景分析表明，尽管球形门锁外观精美，但在浴室环境中并不实用，因为它给用户带来了诸多不便。这通常是由于装修时未根据具体场景选择合适的锁具类型。

案例二则展示了交通场所购票机的正面应用。在旅客携带大量行李的情况下，使用自助购票机取票可能会因为身份证读取器的倾斜设计而感到不便。然而，这种看似不人性化的设计实际上降低了旅客遗忘身份证件的概率，从而避免了更大的麻烦。这是从使用场景出发进行设计的典型案例。

在外观造型方面，ID设计师会根据产品经理提供的信息来确定产品的风格和形态处理。针对儿童产品，可能会采用卡通风格和圆润无死角的结构来确保安全。而对于B端（企业用户）产品，设计师会注重外观的人性化、颜色的低调性和结构的简约性，以适应商业环境。此外，设计师还需要考虑产品是否需要与其他产品对接，并采用标准接口以确保扩展性和安装便利性。

优秀的产品设计应该让世界变得更美好，而不是给用户带来困扰。通过关注用户需求和使用场景，设计师可以创造出既实用又美观的产品。例如，一款经过改良的插线板，仅仅通过稍微调整插孔位置，就解决了传统插线板无法同时使用相邻的两个插孔的问题。这种设计虽然简单，却大大提高了产品的实用性和用户满意度。

除了外观造型外，在产品设计过程中还需要重视两个方面：一是产品外观设计必须能够开模制造；二是外观设计必须考虑内部元器件的装配和壳体的强度。设计师需要确保所设计的产品能够顺利组装在一起，同时避免增加组装难度和成本。如果产品的ID设计通过评审，就可以进入打板阶段进行进一步的检验和评估。

在产品材质的选择上，不同的产品有不同的要求。例如，智能音箱这类桌面产品除了具备基本功能外，还需要作为装饰品存在，因此可以使用塑料或木材等材料。然而，对于儿童电子产品来说，应避免使用木质材料以防止摔坏和木屑伤人的情况发生。同时，针对不同的产品造型和需求，选择合适的材质至关重要。例如，复杂弧度和拐角的产品可能更适合使用塑料或硅胶材质；而大型产品或需要良好坚固性和散热性的产品则可能更适合使用金属材料。

表面处理是产品设计中不可忽视的一环。它直接影响用户对产品的第一印象和长期使用感受。常见的表面处理技术包括彩色喷绘、丝印、晒纹和喷油等。不同的处理技术具有不同的特点和适用场景。例如，彩色喷绘适用于需要丰富颜色和复杂图案的产品，丝印则常用于单色图案或Logo的印制，晒纹可以在模具表面直接处理出所需纹理，而喷油则可以实现多种表面效果和质感。

最后，在产品设计过程中要注重易于量产的原则。能生产和能量产是两个不同的概念。许多产品在设计阶段看似完美，但在实际量产过程中却面临重重困难导致无法大规模生产或良品率极低。例如，小米第一代MIX手机和锤子坚果R1白色版手机都因为陶瓷壳体成型难度高和良品率低而难以量产。因此，在产品设计的各个阶段都需要充分考虑实际量产的可行性和难度，以避免出现类似问题。

在数字化浪潮的推动下，设计行业正经历着翻天覆地的变化。交互设计作为其中的关键环节，对于提升用户体验和产品市场竞争力至关重要。目前主流认为有四大交互设计新动向可以帮助设计师把握时代脉搏，创作出既符合潮流又独具匠心的作品。

3.3.1　响应式设计的灵活应用

随着移动设备的广泛普及，交互设计必须考虑如何在不同屏幕尺寸和设备类型上呈现最佳效果。响应式设计应运而生，它不仅仅是一种技术实现，更是一种设计理念，要求设计师根据设备特性进行灵活调整，确保用户在不同平台上都能获得统一而流畅的体验。

响应式设计强调网页或应用的布局和功能应能够根据用户的设备环境进

行自适应调整。无论用户使用的是手机、平板还是桌面电脑，无论是横向还是纵向持握设备，无论是高分辨率还是低分辨率屏幕，响应式设计都能保证内容的清晰可读和操作的便捷性。

为了实现响应式设计，设计师需要运用媒体查询、流式布局和弹性图片等技术手段。媒体查询允许设计师根据设备的屏幕尺寸、分辨率和方向等特性，为不同的设备环境提供不同的样式规则。流式布局则使得网页或应用的宽度能够自动调整，以适应不同设备的屏幕宽度。弹性图片技术则确保图片在不同尺寸的屏幕上都能保持适当的比例和清晰度。

响应式设计的应用范围非常广泛，不仅可以应用于网页和移动应用，还可以应用于电子邮件、社交媒体和在线广告等领域。在电子邮件中，响应式设计可以确保邮件在不同设备和邮件客户端上都能正确显示。在社交媒体中，响应式设计可以使用户在分享内容时获得更好的阅读体验。在在线广告中，响应式设计可以提高广告的点击率和转化率，从而提升广告效果。

然而，响应式设计并非万能的解决方案。在某些特定场景下，可能需要采用其他的设计策略。例如，对于需要复杂交互和高度定制化的应用，可能需要开发针对不同平台的独立版本，以确保最佳的用户体验。此外，响应式设计也需要考虑到性能和加载速度等因素，避免因为过多的自适应调整而导致页面加载缓慢或性能下降。

3.3.2 自然交互的崛起

自然交互强调用户与产品之间的直观互动，无须烦琐的文字指导即可轻松上手。这种设计趋势旨在通过更有趣、更便捷的方式提升交互质量和用户体验，让用户在使用过程中感受到乐趣和便捷。

自然交互的核心理念是以人为本，以用户的认知和行为习惯为基础进行设计。它强调产品的交互方式应该符合人类的日常经验和直觉，让用户能够自然而然地理解和操作产品。例如，通过手势控制、语音交互和增强现实等技术手段，可以让用户以更自然的方式与产品进行互动。

手势控制是自然交互的一种重要形式。通过识别用户的手势动作，产品可以做出相应的响应。例如，在智能手机上，用户可以通过滑动、捏合和旋转等手势来浏览图片、放大缩小和旋转物体。这种交互方式不仅直观易用，还能增加用户的参与感和沉浸感。

语音交互是另一种重要的自然交互形式。随着语音识别技术的不断进步，用户可以通过语音指令来控制产品，实现更加便捷的操作。例如，智能音箱可以通过语音交互来播放音乐、查询天气和设置闹钟等。这种交互方式不仅解放了用户的双手，还能提高操作效率和准确性。

增强现实技术也为自然交互提供了新的可能性。通过将虚拟信息叠加到真实世界中，增强现实技术可以让用户以更自然的方式与虚拟对象进行互动。例如，在购物应用中，用户可以通过增强现实技术试穿虚拟服装，查看不同款式和颜色的效果。这种交互方式不仅提供了更丰富的视觉体验，还能帮助用户做出更明智的购买决策。

自然交互的崛起给设计师带来了新的挑战和机遇。设计师需要深入了解用户的认知和行为习惯，挖掘用户的潜在需求，设计出符合人类直觉和经验的交互方式。同时，他们也需要不断学习和掌握新的技术手段，以实现更加自然和便捷的交互体验。

3.3.3　交互设计与人工智能的深度融合

在当前时代背景下，人工智能已成为交互设计的重要合作伙伴。通过将AI技术融入交互产品中，设计师可以为用户提供更加个性化和智能化的服务，从而显著提升整体使用体验。例如，手机中的虚拟助手就是这一趋势的典型代表。

虚拟助手是一种基于人工智能技术的智能代理，它可以根据用户的语音指令或文字输入来执行各种任务，如查询信息、设置提醒和安排日程等。虚拟助手的出现极大地改变了用户与手机等智能设备的交互方式，使得用户可以通过更自然、更便捷的方式与设备进行互动。

除了虚拟助手之外，人工智能还在许多其他交互设计领域发挥着重要作用。例如，在智能家居系统中，人工智能可以通过学习和识别用户的生活习惯，自动调整家居设备的运行状态，为用户提供更加舒适和便捷的居住环境。在在线教育中，人工智能可以根据学生的学习进度和理解能力，智能推荐合适的学习资源和习题，帮助学生更高效地掌握知识。

人工智能与交互设计的深度融合不仅提升了产品的智能化水平，也为用户带来了更加个性化和贴心的服务。通过分析和挖掘用户的数据和行为模式，人工智能可以预测用户的需求和偏好，为用户提供更加精准和有价值的信息和服务。这种个性化的交互体验能够让用户感受到产品不是一个冷冰冰的机器，而是一个能够理解自己、满足自己需求的智能伙伴。

然而，人工智能与交互设计的融合也面临着一些挑战和问题。首先，隐私保护是一个重要的问题。在收集和分析用户数据的过程中，需要确保用户的隐私不被泄露和滥用。其次，人工智能技术的准确性和可靠性尚未达到完美水平，有时可能会出现误判或失效的情况。这需要设计师在进行交互设计时充分考虑到这些潜在的问题，并采取相应的措施来降低风险。

3.3.4 平衡一致性与个性化

在交互设计中，一致性与个性化之间的平衡至关重要。过度强调一致性可能导致设计缺乏创新性和用户参与感，而过分追求个性化则可能削弱设计的整体性和功能性。因此，设计师需要找到一个平衡点，既保证交互设计的完整性和统一性，又赋予用户一定的个性化空间，这样的产品往往更能触动人心。

一致性是交互设计中的重要原则之一。它要求产品在交互方式、信息架构和视觉风格等方面保持统一和协调。一致性有助于降低用户的学习成本和使用难度，提高产品的可用性和易用性。例如，在网站设计中，保持一致的导航结构和布局方式可以让用户更容易找到所需的信息和功能。在移动应用中，保持一致的操作逻辑和交互模式可以让用户更快地掌握使用方法。

然而，一致性并不意味着刻板和无趣。在追求一致性的同时，设计师也需要考虑用户的个性化需求。个性化是交互设计中的另一个重要原则，它要求产品能够根据不同的用户需求和偏好提供相应的服务和体验。个性化可以增加产品的吸引力和竞争力，让用户感受到产品的独特性和价值。

为了平衡一致性与个性化，设计师可以采用一些灵活的设计策略。首先，他们可以通过用户研究和数据分析来了解用户的需求和偏好，为不同的用户群体提供定制化的服务和体验。其次，他们可以采用模块化和可配置的设计方法，允许用户根据自己的喜好和需求调整产品的功能和界面。此外，设计师还可以运用动态内容和智能推荐等技术手段，为用户提供更加个性化和有价值的信息和服务。

在平衡一致性与个性化的过程中，设计师还需要注意一些潜在的问题和挑战。首先，他们需要确保个性化的设计不会破坏产品的整体性和功能性。其次，他们需要考虑用户的隐私和安全问题，在收集和使用用户数据时遵守相关的法律法规和伦理规范。再次，他们还需要不断学习和掌握新的设计理念和技术手段，以适应不断变化的市场需求和用户期望。

第三篇
数字内容创作

数字创意
未来产业的无限可能

第四章

数字影视制作

4.1 数字影视制作流程

早些时候，制作影视作品是个技术活，需要专业人员才能搞定。随着科技的进步，特别是数字技术进入影视圈后，那些老式的影视设备逐渐被现代数字设备替代。而且，随着电脑越来越普及，影视制作也不再是专业设备的专属，普通人也能在电脑上操作，价格也变得很亲民。现在，影视制作的应用范围也广了，不仅仅是电影电视，还延伸到了游戏、多媒体、网络、家庭娱乐等领域。

影视制作是个复杂的过程，包括前期准备、拍摄和后期制作三个阶段。前期是筹划和准备，比如写剧本、定预算、找演员和拍摄地点等。拍摄就是用摄影机记录画面，这些拍摄到的素材就和建房子的砖块一样重要。拍摄完后，就进入后期制作阶段，把拍摄到的素材剪辑成一部完整的影视作品。这个阶段还包括制作和合成声音。只有当所有的素材都整合在一起，画面和声音都同步了，才能形成完整的作品。影视作品的艺术性在很大程度上就体现在后期制作上。

从影视节目制作的角度来看，传统的电影剪辑过程相当烦琐，涉及大量的物理剪接工作。拍摄完成的底片需要在冲洗后，制作出一套工作样片用于剪辑。剪辑师需从众多样片中挑选合适的镜头，使用剪刀将胶片剪开，再用胶带或胶水将选定的胶片粘贴组合。这一过程在剪辑台上反复进行，直至达到满意的效果。尽管这种方法显得原始，但它实际上是一种非线性编辑方式，剪辑师可以灵活地从中间部分开始工作，插入或删除镜头，而不会影响整个片子的结构。

然而，这种传统剪辑方式存在明显的局限性。例如，剪辑师难以在两个镜头之间创建特效融合，也无法直接调整画面色彩。这些高级技巧通常只能在冲印阶段实现，而且手工操作的效率极低。

相比之下，传统的电视编辑工作通常在专门的剪辑设备上进行。这些设备通常由放映机和录像机组成，剪辑师通过放映机选择素材，然后将其录制到录像机的磁带上。高级的剪辑设备还具备特效功能，可以实现画面融合、颜色调整以及字幕制作等。但由于磁带记录的线性特性，剪辑师无法在已有画面之间随意插入或删除镜头，这极大地限制了编辑的灵活性。

随着计算机科技的进步，数字化非线性编辑技术为视频剪辑带来了革命性的变革。这种技术将素材存储在计算机磁盘中，利用强大的运算和数据存储能力进行剪辑操作。它不仅继承了电影剪辑的非线性特点，还通过简单的鼠标操作替代了烦琐的手工操作。剪辑结果可以即时回放查看，从而大幅提高了制作效率。

此外，随着影视制作技术的不断发展，后期制作在特效镜头的制作方面扮演着越来越重要的角色。特效镜头是指那些无法直接通过拍摄获得的画面效果。早期特效主要依赖模型制作、特殊摄影和光学合成等传统手段，而现在计算机数字技术的广泛应用为特效制作提供了更多可能性。无论是现实中不存在的对象（如恐龙或外星人），还是无法同时出现在同一时空的场景

（如主角从爆炸中逃生），都可以通过计算机技术进行模拟和合成。

对于现实中不存在的对象，特效制作通常采用模型制作、化妆模仿或计算机三维动画等手段进行模拟。而对于需要合成的场景，则可以分别拍摄各个元素，然后在后期通过计算机数字合成技术将它们组合在一起。这种技术不仅可以实现画面的组合和美化，还可以根据需要进行大量的修饰和调整。在电视节目中，我们经常可以看到由多个无关联物体组合而成的画面效果，这些都是通过合成技术实现的。例如电视片头、广告和MTV等节目中的特效画面，它们往往更注重审美和形式感的表现。

4.1.1 数字影视前期拍摄

随着科技的飞速发展，虚拟拍摄技术已经成为电影、电视剧制作领域一股不可忽视的力量。这一技术的运用，不仅彻底改变了传统影视制作的模式，还为导演和制作团队带来了前所未有的创作自由度。如今，通过虚拟拍摄技术，他们可以在电脑生成的逼真虚拟场景中进行拍摄，无须受到现实环境、时间或预算的限制。

虚拟拍摄技术的核心在于建立一个高度逼真的虚拟场景。这个过程涵盖了场景的建模、纹理贴图、光照处理等关键环节。建模师根据剧情需要，利用专业的3D建模软件，一砖一瓦地构建出虚拟世界中的每一个角落。而纹理贴图和光照处理，则使得这些虚拟场景在细节和光影变化上达到了令人惊叹的真实感。

在拍摄过程中，导演可以自由地设置虚拟摄像机的位置和角度，模拟出真实拍摄中难以实现的镜头效果。同时，演员的表演也不再受限于实体场景，他们可以在绿幕前进行表演，然后通过后期合成技术，将他们的表演与虚拟场景完美融合。此外，虚拟拍摄技术还可以通过动作捕捉设备，精确记录下演员的动作和表情，将这些数据导入虚拟场景中，实现演员与虚拟角色的无缝对接。

除了提供更大的创作自由度外，虚拟拍摄技术还在降低制作成本、提高制作效率方面发挥着巨大作用。在传统的影视制作中，搭建实体场景、租赁设备、组织拍摄队伍等都需要耗费大量的人力、物力和财力。而虚拟拍摄技术则可以将这些成本降到最低，同时还可以通过自动化和智能化的工具提高制作效率，缩短制作周期。

值得一提的是，虚拟拍摄技术并不仅仅局限于影视行业。在游戏行业，这一技术同样展现出了巨大的潜力。随着游戏市场的不断扩大和玩家对游戏品质要求的提高，游戏开发者需要不断创造出更加逼真、更加引人入胜的游戏世界。而虚拟拍摄技术正是他们实现这一目标的得力助手。通过这一技术，游戏开发者可以轻松创造出逼真的场景和特效，为玩家带来沉浸式的游戏体验。

近两年来，随着Netflix（奈飞）剧集《1899》与美国HBO电视网剧集《龙之家族》等作品的播出，虚拟拍摄技术的效果更加清晰地展现在大众眼前。这些作品通过精湛的虚拟拍摄技术，创造出令人叹为观止的虚拟世界，让观众仿佛置身于一个全新的奇幻世界之中。在中国，虚拟拍摄技术也在不断地演变和进化。截至2022年底，全国已有近40家影视基地拥有数字影棚，这一数字仍在不断增长之中。其中，阿里大文娱周庄数字梦工厂的开业，更是标志着国内影视制作领域在虚拟拍摄技术方面的又一重要突破。

然而，尽管虚拟拍摄技术已经取得了令人瞩目的成就，但我们仍然不能忽视它所带来的挑战和问题。例如，在技术实现上，如何进一步提高虚拟场景的真实感和细节表现力；在演员表演上，如何更好地实现演员与虚拟角色的融合；在制作流程上，如何优化虚拟拍摄与后期合成的衔接。这些问题都需要我们不断地探索和解决。

总的来说，虚拟拍摄技术无疑为影视制作和游戏开发等领域带来了巨大的变革和机遇。它让我们看到了未来影视制作的无限可能性和潜力。随着技术的不断进步和应用的不断深化，我们有理由相信，在未来的日子里，虚拟拍摄技术将会为我们带来更多的惊喜和突破。同时，我们也期待着更多的创作者和开发者能够充分利用这一技术，为我们创造出更加精彩、更加逼真的虚拟世界。

4.1.2 数字影视后期制作与数字合成技术

1. 数字影视后期制作概述

数字影视后期制作是一个综合性极强的过程，涵盖了从实景拍摄素材的采集、整理，到特效镜头的制作与渲染，再到镜头的剪辑、调色与组合，最终经过音效设计与合成，形成一部完整的影视作品。这一流程不仅要求技术人员具备扎实的专业知识，还需要他们拥有丰富的创意和艺术审美。

在后期制作中，3D计算机动画和数字合成技术是两大核心。3D计算机动画能够创造出传统拍摄难以实现的视觉效果，为观众带来震撼的观影体验。而数字合成技术则能够将多种素材无缝地融合在一起，形成单一且连贯的画面，为影视作品增添更多的层次感和视觉冲击力。

随着科技的不断进步，数字影视后期制作的技术和工具也在不断更新换代。从早期的线性编辑到现在的非线性编辑，从单一的特效处理软件到综合性的后期制作平台，每一次技术的革新都为影视制作带来了更多的可能性和便利性。

2. 数字合成技术的本质

尽管数字合成技术在影视制作中的应用日益广泛，但许多观众甚至从业者对其了解并不深入。事实上，数字合成技术与3D计算机动画技术一样，都是现代影视制作中不可或缺的数字技术。它们共同构成了影视作品的视觉骨架，为观众带来丰富多彩的视觉体验。

数字合成技术的本质是将多种原始素材通过计算机处理整合成单一复合画面。这些原始素材可以来自实景拍摄、3D计算机动画、静态图像等。通过数字合成技术，制作人员可以将这些素材按照创意和剧情的需要进行组合、调色、变形等操作，从而创造出独特的视觉效果。

与3D计算机动画相比，数字合成技术更加注重对已有素材的整合和处理。它不需要像3D计算机动画那样从零开始创建角色和场景，而是通过对已有素材的巧妙运用，达到以假乱真、震撼人心的效果。因此，数字合成技术在影视制作中的应用更加广泛，几乎涵盖了所有类型的影视作品。

3. 数字合成技术的基本概念与发展

数字合成技术是一种基于计算机图形学的先进技术，它能够将多种原始素材通过数字化处理整合成单一复合画面。与传统的胶片或磁带合成技术相比，数字合成技术具有更高的灵活性、更出色的效果以及更低的成本。

随着计算机技术的飞速发展，数字合成技术也在不断进步和完善。从最初的简单图层叠加到现在的复杂动态跟踪匹配，从单一的图像处理到现在的三维空间合成，数字合成技术的边界在不断扩展。同时，随着各种专业软件和硬件的出现和升级，数字合成技术的实现方式也变得更加多样化和便捷化。

4. 数字合成技术的应用与工具

在数字合成技术的应用方面，现代影视制作人员拥有众多功能强大的工具可供选择。这些工具包括各种专业的数字合成软件、高性能的图形工作站以及配套的外围设备。其中，数字合成软件是核心中的核心，它们为制作人员提供了丰富的功能和灵活的操作方式。

常见的数字合成软件有Adobe After Effects、Nuke、Fusion等。这些软件不仅具有强大的图像处理能力，还支持多种特效插件和脚本语言扩展，能够满足各种复杂和个性化的制作需求。同时，这些软件还提供了丰富的预设和模板，使制作人员能够快速上手并提高工作效率。

除了软件之外，硬件也是数字合成技术中不可或缺的一部分。高性能的图形工作站能够提供强大的计算能力和稳定的运行环境，为制作人员提供流畅的工作体验。而配套的外围设备（如专业显示器、校色仪等）则能够确保图像的色彩准确性和一致性。

5. 数字合成的艺术与技术融合

数字合成不仅是一门技术，更是一门艺术。一个优秀的合成人员需要既精通技术又具备艺术审美。在数字合成的过程中，技术人员需要运用各种技术和方法来使多个素材完美地融合在一起，同时还需要考虑画面的真实感、观感和情感表达。因此，对于合成人员来说，敏锐的观察力、丰富的创意和对艺术与技术的深入理解都是必不可少的。

为了实现技术与艺术的融合，合成人员需要不断学习和实践。他们需要掌握最新的技术和工具，了解最新的行业动态和趋势。同时，他们还需要培养自己的艺术素养和审美能力，不断汲取灵感和创意。只有这样，才能创作出既具有技术含量又富有艺术感染力的影视作品。

4.2　数字特效与动画技术

在这个快速发展的现代世界里，人类的审美情趣正在逐步向多样化发展。观众不仅需要更广泛的主题，而且还需要更高级的视觉体验。电影和电视作为视觉艺术的重要表现形式，一直在不断地追求创新和突破。随着数字技术的飞速发展，影视特效设计和动画合成技术已经成为电影和电视制作中不可或缺的一部分，为观众带来了前所未有的视觉盛宴。

数字技术的运用使电影和电视制作进入了一个崭新的时代。通过计算机图像生成、数字影像处理、虚拟现实等技术的参与，电影和电视制作人员能够创造出各种令人难以置信的画面和效果。这些数字技术不仅使电影和电视作品的画面更加逼真、细腻，而且还能够实现一些传统制作手段无法完成的特效和场景。

4.2.1　影视特效设计

在影视特效设计方面，数字技术可以帮助制作人员创造出奇幻、惊险、浪漫等不同类型的特效。

1. 科幻类作品中的数字技术特效

科幻电影作为电影的一大类别，其特效设计往往需要超越现实的限制，创造出外星生物、未来世界、太空战舰等各种奇特的场景和角色。在这方面，数字技术发挥了巨大的作用。

以电影《星际迷航》系列为例，数字技术帮助制作人员创造出各种外星生物，如克林贡人、瓦肯人等，这些生物的设计既奇特又逼真，给观众留下了深刻的印象。同时，数字技术还创造出庞大的太空战舰、星际空间站等未来世界的场景，这些场景的设计充满了科技感和未来感，让观众仿佛置身于未来的太空时代。

在《阿凡达》这部电影中，数字技术更是被运用到了极致。制作人员通过数字技术创造出一个充满奇幻色彩的潘多拉星球，以及生活在这个星球上的各种奇特动物和植物。这些动物和植物的设计既逼真又生动，让观众感受到了一个全新的、充满奇幻色彩的世界。

2. 战争类作品中的数字技术特效

战争电影作为另一大类别，其特效设计往往需要模拟出真实的战场环境、爆炸效果、飞行器等。在这方面，数字技术同样发挥了重要的作用。

以电影《拯救大兵瑞恩》为例，数字技术帮助制作人员模拟出了真实的战场环境，如硝烟弥漫的战场、弹雨纷飞的天空等。这些场景的设计让观众仿佛置身于战争的现场，感受到了战争的残酷和无情。同时，数字技术还创造出逼真的爆炸效果，每一次爆炸都让观众感受到了强烈的视觉冲击。

在《珍珠港》这部电影中，数字技术更是被运用到了飞行器的模拟上。制作人员通过数字技术创造出各种逼真的战斗机、轰炸机等飞行器，这些飞行器的设计既真实又生动，让观众仿佛看到了第二次世界大战时期空战的激烈和惊险。

3. 动作类作品中的数字技术特效

动作电影作为观众喜爱的电影类型之一，其特效设计往往需要实现各种高难度的动作和镜头。在这方面，数字技术同样发挥了重要的作用。

以电影《黑客帝国》为例，数字技术帮助制作人员实现了各种高难度的动作和镜头，如主角尼奥的"子弹时间"镜头、360度旋转镜头等。这些镜头的设计让观众感受到了强烈的视觉冲击和震撼感。同时，数字技术还创造出各种逼真的打斗场面和追逐场面，让观众仿佛置身于电影的紧张氛围中。

在电影《速度与激情》系列中，数字技术同样被运用到了极致。制作人员通过数字技术创造出各种逼真的赛车场面和飙车场面，这些场面的设计既真实又刺激，让观众感受到了速度与激情的完美结合。同时，数字技术还帮助制作人员实现了各种高难度的跳跃、翻滚等动作，让观众在紧张刺激的氛围中感受到了强烈的视觉冲击。

4.2.2 动画合成技术

除了影视特效设计外，动画合成技术也是数字技术在电影和电视制作中的重要应用之一。通过动画合成技术，制作人员可以将各种画面元素（如特效、画面剪辑、音效等）相互结合，实现镜头连接和特殊效果创造。这种技术可以将不同来源的素材融合在一起，形成一个完整、连贯的画面，使得电影和电视作品的视觉效果更加出色。

将动画合成技术与数码技术相融合，是一种新的发展方向。这种融合技术可以将人体运动纹理、动作捕捉、动作绘制等技术有机地融合在一起，再对动作进行分割、类聚分析，最终通过拼接来完成人体动作的合成。而动作单位的分析则是人体动画合成的重要手段。通过这种技术，制作人员可以更加灵活地控制角色的动作和表情，使得角色更加生动、逼真。

1. 融合技术在人体动作合成中的应用

（1）人体运动纹理的获取与处理

人体运动纹理是指人体在运动过程中产生的表面细节变化，如肌肉的收缩、皮肤的褶皱等。通过动作捕捉技术，可以获取演员的真实运动数据，包括身体各部位的位置、速度、加速度等信息。然后，利用计算机图形学的方法对人体运动纹理进行建模和处理，生成具有真实感的人体表面细节。

在电影《阿凡达》中，制作人员就利用了这种技术来捕捉演员的运动数据，并将其应用到数字角色身上。这使得数字角色的动作和表情都更加自然、逼真，与真实演员的表演无缝衔接。

（2）动作捕捉与动作绘制的结合

动作捕捉技术可以获取演员的真实运动数据，而动作绘制技术则可以让制作人员根据剧情需要绘制出特定的动画片段。将这两种技术相结合，可以实现真实运动与创意动画的完美结合。

在电影《复仇者联盟》系列中，许多超级英雄的角色都是通过动作捕捉技术来获取演员的运动数据，然后再通过动作绘制技术来添加特效和创意元素。例如，钢铁侠的飞行动作、蜘蛛侠的攀爬动作等，都是通过这种融合技术来实现的。这种技术的应用不仅使得角色的动作更加真实、自然，还为观众带来了更加震撼的视觉体验。

（3）动作的分割、类聚分析与拼接

在获取了演员的真实运动数据后，制作人员需要对这些数据进行分割、类聚分析和拼接,以完成人体动作的合成。分割是指将连续的动作序列划分为多个独立的动作单元;类聚分析是指根据动作单元的特征将其分为不同的类别;拼接则是将不同类别的动作单元组合在一起,形成一个完整的动画片段。

通过这种技术,制作人员可以更加灵活地控制角色的动作和表情。例如,在电影《玩具总动员》系列中,制作人员通过分割、类聚分析和拼接等技术手段,让玩具角色们展现出了丰富多样的表情和动作。这些角色不仅能够根据剧情需要做出各种复杂的动作,还能够通过微妙的表情变化来传达情感,让观众感受到他们的喜怒哀乐。

2. 动作单位分析在人体动画合成中的重要性

动作单位分析是人体动画合成的重要手段之一。它是指对动作进行细致入微的分析和研究,以找出构成动作的基本单元和关键要素。这些基本单元和关键要素对于控制角色的动作和表情至关重要。

通过动作单位分析,制作人员可以更加准确地掌握角色的动作特点和运动规律,从而为后续的动画合成提供有力的支持。同时,动作单位分析还有助于提高动画合成的效率和质量,减少不必要的修改和调整工作。

为了达到这个目的,我们需要从数码科技的角度对电影、电视等方面进行剖析。数字技术是一门与电脑紧密结合的科技,它利用各种电子器件将各种图像、文字、声音等资料转换为二进制数字信号,由电脑进行识别、编码、压缩、解码等处理,从而完成运算、加工、传输、恢复等工作。数码科技在电影和电视制作中的应用非常广泛,包括数字摄影、数字剪辑、数字特效等多个方面。

4.2.3 数字摄影技术

在数字摄影方面，数字技术可以实现高清、高帧率、高动态范围的拍摄，使得画面更加细腻、逼真。同时，数字技术还可以实现各种特殊的拍摄效果，如慢动作、快动作、缩时摄影等，为电影和电视作品增加更多的表现手段。

1.高清拍摄：细腻画面的呈现

高清拍摄是数字摄影技术的一大特点。相比传统胶片摄影，数字摄影机能够捕获更高分辨率的图像，使得画面中的细节得以充分展现。以电影《阿凡达》为例，该片采用了高清数字摄影技术，画面中的每一片树叶、每一滴水珠都清晰可见，观众仿佛置身于影片所描绘的奇幻世界中。高清拍摄不仅提升了画面的清晰度，还使得色彩更加鲜艳、层次更加丰富，为观众带来了更加逼真的视觉体验。

2.高帧率拍摄：流畅动态的表达

高帧率拍摄是数字摄影技术的另一大亮点。传统的胶片摄影往往受限于帧率，难以捕捉到高速运动物体的细节。而数字摄影机则能够以更高的帧率进行拍摄，捕捉到更多的动态信息。在电影《速度与激情》系列中，飞车追逐、飙车竞技等高速运动场景是影片的亮点之一。通过高帧率拍摄，观众可以清晰地看到车辆在高速行驶中的每一个细节变化，感受到极致的速度与激情。高帧率拍摄不仅提升了动态场景的流畅度，还使动作更加连贯、自然，增强了影片的观赏性和感染力。

3.高动态范围拍摄：光影细节的捕捉

高动态范围（HDR）拍摄是数字摄影技术的又一重要突破。传统摄影在光线明暗反差较大的场景中往往难以兼顾亮部和暗部的细节。而HDR技术则能够通过合成多张不同曝光度的照片，获得更宽广的动态范围，使亮部和暗部的细节都得以保留。在电视剧《权力的游戏》中，许多场景都包括阴暗的城堡和明亮的户外。通过HDR拍摄，观众可以在同一画面中看到暗部的细节和亮部的色彩，感受到更加真实的光影效果。HDR技术不仅提升了画面的层次感，还使色彩更加丰富、细腻，为观众带来了更加立体的视觉感受。

4. 特殊拍摄效果：丰富表现手段的探索

除了高清、高帧率、高动态范围的拍摄外，数字技术还赋予了影视创作者实现各种特殊拍摄效果的能力。慢动作是一种常见的特殊效果，它能够将快速运动物体的动作放慢，展现出平常难以观察到的细节。在电影《黑客帝国》中，主角尼奥躲避子弹的"子弹时间"镜头就是慢动作的经典应用。通过数字技术将这一瞬间放慢数十倍甚至数百倍，观众可以清晰地看到子弹飞行的轨迹和尼奥身体的每一个细微动作。这一镜头不仅展示了数字技术的魅力，更成为影片中的经典瞬间。

快动作则是将慢速运动物体的动作加快播放，创造出一种喜剧或夸张的效果。在电视剧《美国派》系列中，快动作被大量应用于各种搞笑场景中。人物快速奔跑、摔倒、打闹等动作通过快动作处理后变得滑稽夸张，引发了观众的阵阵笑声。快动作不仅增强了喜剧效果，还使影片节奏更加紧凑、有趣。

缩时摄影是一种将长时间内发生的变化压缩到较短时间内播放的摄影技术。它能够将日出日落、云彩变化等长时间的自然现象在几秒钟内展现出来，为观众带来独特的视觉感受。在纪录片《地球脉动》中，缩时摄影被广泛应用于展现地球各地的自然景观变化。观众可以在短短几分钟内看到一座山峰从晨曦到黄昏的光影变化，感受到大自然的鬼斧神工和生命的奇妙。缩时摄影不仅展示了自然的壮美与神奇，还引发了观众对时间和生命的深刻思考。

4.2.4 数字剪辑技术

在数字剪辑方面，数字技术可以实现非线性编辑，使得制作人员可以更加灵活地进行剪辑和合成。通过数字技术，制作人员可以轻松地将不同来源的素材融合在一起，形成一个完整、连贯的画面。同时，数字技术还可以实现各种特殊的剪辑效果，如跳剪、闪回、多画面等，为电影和电视作品增加更多的艺术表现力。

1. 非线性编辑的灵活性与高效性

非线性编辑是数字剪辑技术的核心。与传统的线性编辑相比，非线性编辑不受时间线的限制，制作人员可以在任何位置插入、删除或修改素材，而不会影响其他部分。这种灵活性使得制作人员可以更加高效地进行剪辑和合成工作。

以电视剧《权力的游戏》为例，该剧在后期制作中大量使用了非线性编辑技术。由于该剧的场景众多、角色复杂，制作人员需要频繁地在不同场景和角色之间进行切换。通过非线性编辑，他们可以轻松地将不同场景、不同角度的素材进行拼接和融合，形成一个连贯的故事情节。同时，非线性编辑还允许制作人员在需要的时候对某个片段进行精细调整，如改变色彩、添加特效等，从而提升画面的整体效果。

2. 多源素材的融合与创新

数字技术的另一个显著优势是能够轻松地将不同来源的素材融合在一起。这些素材可以来自不同的摄影机、不同的拍摄环境，甚至可以是计算机生成的特效元素。通过数字剪辑技术，制作人员可以将这些看似毫无关联的素材巧妙地融合在一起，创造出独特的视觉效果。

在电影《阿凡达》中，制作人员利用数字技术将实景拍摄与计算机生成的特效元素相结合，创造出一个充满奇幻色彩的潘多拉星球。通过数字剪辑技术，他们不仅将实景拍摄的画面与特效元素完美地融合在一起，还在需要的时候添加了各种过渡效果和细节处理，使画面更加逼真、生动。这种多源素材的融合与创新不仅提升了画面的视觉效果，还为观众带来了全新的观影体验。

3. 特殊剪辑效果的艺术表现力

除了基本的剪辑和合成功能外，数字技术还能够实现各种特殊的剪辑效果，如跳剪、闪回、多画面等。这些特殊效果不仅能够增加画面的动感和节奏感，还能够为电影和电视作品赋予更多的艺术表现力。

跳剪是一种常见的特殊剪辑效果，它通过快速切换不同角度、不同景别的画面来展现动作的连续性和紧张感。在电影《疯狂的石头》中，制作人员大量使用了跳剪技巧来展现角色之间的追逐和打斗场面。通过快速的画面切换和紧凑的剪辑节奏，观众能够感受到持续不断的紧张感和刺激感。

闪回则是一种通过短暂地回溯到过去来揭示人物内心或推动剧情发展的剪辑手法。在电视剧《罗马》中，制作人员经常利用闪回手法来展现角色的回忆和内心独白。这些闪回画面往往与当前场景形成鲜明的对比，不仅揭示了角色的内心世界，还为观众提供了更多的背景信息和情感共鸣。

多画面则是一种将多个画面同时呈现在屏幕上的剪辑效果。这种效果可以用于展现同一时间不同地点的事件，或者用于对比和强调不同元素之间的差异。在纪录片《地球脉动》中，制作人员使用了多画面技术来同时展现地球上不同地区的自然景观和生物活动。通过多画面的对比和切换，观众能够更加直观地感受到地球的多样性和生命的奇妙。

4.2.5 数字特效技术

在数字特效方面，除了前面提到的影视特效设计和动画合成技术外，还有许多其他的数字技术可以实现各种特殊的视觉效果。

1. 数字匹配移动技术：实现画面与实景的完美结合

数字匹配移动技术是一种先进的数字特效技术，它能够将计算机生成的图像与实景拍摄的画面进行完美结合，创造出逼真的视觉效果。这种技术常用于需要将虚拟元素融入实景拍摄中的场景，如科幻片、动作片等。

以电影《阿凡达》为例，该片大量使用了数字匹配移动技术。在潘多拉星球的森林场景中，演员们与计算机生成的奇异动物和植物进行互动。为了使这些虚拟元素与实景拍摄的画面完美融合，制作团队运用了数字匹配移动技术。他们首先在实际拍摄环境中布置了与虚拟元素相匹配的标记点，然后通过计算机跟踪这些标记点的运动轨迹，将虚拟元素精确地放置到相应的位置。这样一来，虚拟元素就能够与实景拍摄的画面无缝衔接，呈现出逼真的视觉效果。

2. 数字跟踪匹配技术：实现画面与摄影机的同步运动

数字跟踪匹配技术是一种用于实现画面与摄影机同步运动的技术。它能够通过跟踪摄影机的运动轨迹,将计算机生成的图像与实景拍摄的画面进行实时匹配,从而创造出动态且连贯的视觉效果。

在电视剧《权力的游戏》中,制作团队运用了数字跟踪匹配技术来呈现龙与角色互动的场景。由于龙是计算机生成的虚拟元素,为了使其能够与实景拍摄的角色进行自然的互动,制作团队首先在实际拍摄环境中布置了跟踪标记点,并通过计算机跟踪这些标记点的运动轨迹。然后,他们将龙的模型与这些运动轨迹进行匹配,使龙能够随着摄影机的运动而自然地飞翔、转身或俯冲。这样一来,观众就能够看到龙与角色之间流畅且逼真的互动场景。

3. 数字绘景技术:创造出逼真的虚拟背景

数字绘景技术是一种用于创造逼真虚拟背景的技术。它能够通过计算机生成各种真实或想象中的环境,为影视制作提供丰富的背景选择。这种技术常用于需要展现遥远地点或特殊环境的场景,如历史片、奇幻片等。

在电影《泰坦尼克号》中,制作团队运用了数字绘景技术来重现泰坦尼克号沉船时的壮观场景。由于实际拍摄环境中无法找到与泰坦尼克号相似的船只进行拍摄,制作团队决定采用数字绘景技术来创造出一个逼真的泰坦尼克号模型。他们首先根据历史资料和照片绘制出泰坦尼克号的详细图纸,并通过计算机将这些图纸转化为三维模型。然后,他们根据剧情需要调整模型的光照、材质和颜色等参数,使其呈现出逼真的外观。最后,他们将这个模型与实景拍摄的画面进行合成,创造出泰坦尼克号沉船时的震撼场景。

4. 数字特效技术的优势与挑战

数字特效技术的应用为影视制作带来了许多优势。首先,它能够突破实景拍摄的局限性,创造出各种真实或想象中的场景和元素。其次,它能够提高制作效率和质量,减少实景拍摄所需的时间和成本。再次,它能够为观众带来震撼的视觉体验,提升影视作品的观赏性和感染力。

然而,数字特效技术的应用也面临着一些挑战。首先,它需要制作团队具备专业的技术和艺术素养,才能够将虚拟元素与实景拍摄的画面进行完美结合。其次,它需要大量的计算资源和存储空间来支持复杂的图像处理和渲染过程。再次,它需要制作团队与导演、演员等其他创作人员进行紧密的沟通和协作,才能够确保特效效果与剧情需要相符合。

总之,数字技术在影视特效设计和动画合成技术中的应用已经越来越广泛,为电影和电视制作带来了前所未有的变革和创新。随着科技的不断进步和发展,我们相信未来会有更多更优秀的数字技术应用于电影和电视制作中,为观众带来更加震撼、奇幻、精彩的视觉体验。

4.3 数字影视产业未来的发展

4.3.1 数字影视产业的发展趋势

随着科技的日新月异，数字影视产业迎来了前所未有的发展机遇。新技术的不断涌现和应用，不仅极大地丰富了影视内容的制作手段和表现形式，还推动了整个产业的转型升级和创新发展。我们从融合、细分、粉丝经济和智能化四个方面，深入探讨数字影视产业的发展趋势。

1. 融合：传统与数字的交汇

随着新兴技术的不断涌现，传统影视产业与数字影视产业之间的界限逐渐模糊，两者开始深度融合，产生出更加丰富多元的内容形式。这种融合不仅体现在制作手段上，更体现在内容创意和传播方式上。

在制作手段方面，虚拟现实（VR）、增强现实（AR）、混合现实（MR）等技术的快速发展，为影视制作提供了全新的视角和工具。通过这些技术，制作人员可以创造出更加逼真、沉浸式的虚拟场景，让观众获得更加震撼的视觉体验。同时，这些技术还可以与实拍场景相结合，实现虚拟与现实的完美融合，为影视创作提供无限的可能性。

在内容创意方面，传统影视产业与数字影视产业的融合也催生了许多新的内容形式。例如，互动剧、沉浸式戏剧等新型内容形式，让观众可以更加深入地参与到剧情中，与角色进行互动，获得更加个性化的观影体验。这些新型内容形式不仅丰富了影视产业的内涵，还拓展了其外延，为观众提供了更加多样化的选择。

在传播方式方面，随着互联网的普及和发展，影视内容的传播渠道也变得越来越多样化。除了传统的电影院、电视台等传播渠道外，网络视频平台、社交媒体等新兴传播渠道也逐渐崛起。这些新兴传播渠道不仅具有传播速度快、覆盖范围广等优势，还可以实现与观众的实时互动，为影视内容的传播和推广提供了更加便捷和高效的途径。

2. 细分：内容形式的多元化发展

随着智能设备和移动设备的逐渐普及，人们对于影视内容的需求也变得越来越多样化和个性化。为了满足不同观众的需求，数字影视产业的内容形式也在不断细分。

一方面，短视频、直播等新型内容形式逐渐崛起。这些新型内容形式具有时长短、内容丰富、互动性强等特点，非常符合现代人的碎片化阅读习惯。同时，这些新型内容形式也为创作者提供了更加便捷和高效的创作平台，让他们可以更加快速地表达自己的创意和想法。

另一方面，短剧、微电影等新型内容形式也逐渐受到观众的青睐。这些新型内容形式通常以某一主题或情节为核心，通过紧凑的剧情和精湛的表演来吸引观众。与传统长篇影视剧相比，这些新型内容形式更加注重故事的情节和内涵，让观众可以在短时间内获得更加深刻的情感体验。

3. 粉丝经济：内容创作者的新机遇

近年来，数字影视产业中出现了众多的内容创作者，这些创作者通过创作优质的内容吸引了大量的粉丝。随着粉丝数量的不断增加，这些创作者逐渐形成了庞大的粉丝经济。

粉丝经济不仅为创作者带来了可观的收益，还为他们提供了更加广阔的发展空间和机遇。通过与粉丝的互动和交流，创作者可以更加深入地了解观众的需求和喜好，从而创作出更加符合市场需求的作品。同时，粉丝经济也为创作者提供了多元化的变现途径，如广告合作、衍生品开发等，让他们可以获得更加稳定和可持续的收益。

4. 智能化：科技与影视的深度融合

随着人工智能、机器学习等技术的不断发展，数字影视产业也迎来了智能化的浪潮。这些技术的应用不仅提高了影视制作的效率和质量，还为观众提供了更加个性化和智能化的观影体验。

在影视制作方面，人工智能技术的应用可以实现自动化剪辑、智能配音等功能，极大地提高了制作效率和质量。同时，这些技术还可以对观众的行为和喜好进行深度分析，为制作人员提供更加精准和有价值的参考信息，帮助他们更好地把握市场趋势和观众需求。

在观影体验方面，智能化的视频推荐系统可以根据观众的观影历史和喜好，为他们推荐更加符合口味的影视作品。同时，智能化的互动系统还可以让观众在观影过程中进行实时互动和评论，分享自己的观影感受和见解。这种互动不仅增强了观众的参与感和归属感，还为影视产业提供了更加丰富的用户反馈和数据支持。

综上所述，数字影视产业的发展趋势呈现出融合、细分、粉丝经济和智能化四大特点。在未来发展中，随着科技的不断进步和创新应用的不断涌现，数字影视产业将会迎来更加广阔的发展空间和更多的机遇。同时，面对激烈的市场竞争和观众需求的变化，数字影视产业也需要不断转型升级和创新发展，以适应时代的发展和市场的变化。

4.3.2 数字影视产业的创新研究

数字影视产业的创新研究不仅涉及技术的革新，更关乎内容创作、制作流程以及用户体验等多个方面。我们可以从虚拟现实（VR）、增强现实（AR）、智能化制作技术以及人工智能（AI）等角度，深入探讨数字影视产业的创新研究方向。

1. VR技术的革新与应用

VR技术作为一种能够完全沉浸式的体验方式，为数字影视产业带来了革命性的变革。随着技术的不断进步，VR技术已经逐渐从简单的3D效果发展到全感官交互的高度。未来，VR技术将在数字影视制作中发挥越来越重要的作用。

首先，VR技术将改变传统的观影方式。观众可以通过佩戴VR设备，身临其境地参与到影视作品中，与虚拟角色进行互动，获得更加真实、震撼的观影体验。这种沉浸式的观影方式将极大地提升观众的参与感和沉浸感，使得观影过程变得更加有趣和刺激。

其次，VR技术还将为数字影视制作提供更加广阔的创作空间。制作人员可以利用VR技术创造出虚拟的场景、角色和情节，实现现实中难以拍摄或表现的效果。这种虚拟的创作方式将极大地丰富影视作品的内涵和表现形式，使得创作者能够更加自由地发挥自己的想象力和创造力。

此外，VR技术还可以与其他技术相结合，如动作捕捉技术、实时渲染技术等，实现更加逼真、自然的虚拟效果。这些技术的结合将使得数字影视制作更加高效、便捷，同时也将提升影视作品的质量和观赏性。

2. AR技术的融合与发展

AR技术是一种将虚拟信息与真实世界相融合的技术，它能够为观众提供更加生动、立体的观影体验。在数字影视产业中，AR技术的应用将使影视作品更加生动、有趣，同时也将为观众提供更加丰富的互动体验。

首先，AR技术可以将虚拟元素与真实场景相结合，创造出更加逼真的视觉效果。例如，在影视作品中加入虚拟的角色、道具或场景，使得观众能够在真实的环境中看到虚拟的元素，从而获得更加震撼的视觉体验。这种虚实结合的表现方式将极大地提升影视作品的观赏性和趣味性。

其次，AR技术还可以为观众提供更加丰富的互动体验。通过AR技术，观众可以与影视作品中的虚拟元素进行互动，如与虚拟角色进行对话、操作虚拟道具等。这种互动方式将使观众能够更加深入地参与到影视作品中，获得更加个性化的观影体验。

此外，AR技术还可以应用于影视宣传和推广中。通过AR技术，制作方可以为观众提供更加生动、有趣的宣传材料，如带有虚拟元素的宣传海报、互动式的预告片等。这些宣传材料将极大地提升观众的兴趣和期待值，为影视作品的成功推广打下坚实的基础。

3. 智能化制作技术的创新与应用

随着科技的不断发展，智能化制作技术已经成为数字影视产业的重要发展趋势。这种技术将使数字影视制作更加高效、便捷，同时也将提升影视作品的质量和观赏性。

首先，智能化制作技术可以实现自动化剪辑和合成。通过人工智能和机器学习等技术，制作人员可以将大量的素材进行自动分类、识别和拼接，快速生成高质量的影视作品。这种自动化剪辑和合成的方式将极大地提高制作效率和质量，使制作人员能够更加专注于创意和内容的创作。

其次，智能化制作技术还可以实现智能化特效处理。通过深度学习等技术，制作人员可以对影视作品中的特效进行自动识别和处理，实现更加逼真、自然的特效效果。这种智能化特效处理的方式将极大地提升影视作品的视觉效果和观赏性。

此外，智能化制作技术还可以应用于影视作品的个性化推荐和分发中。通过大数据和人工智能等技术，制作方可以对观众的行为和喜好进行深度分析，为他们推荐更加符合口味的影视作品。这种个性化推荐和分发的方式将使观众能够更加便捷地找到自己喜欢的影视作品，提升观影体验和满意度。

4. AI技术的深度应用与前景展望

AI技术作为当今科技领域的热门话题之一，在数字影视产业中也展现出巨大的应用潜力。AI技术的应用将使数字影视制作更加智能化、自动化和精准化。

首先，AI技术可以用于虚拟角色的创建和表演。通过深度学习等技术，AI可以模拟人类的行为和表情，创建出逼真的虚拟角色。这些虚拟角色不仅可以在影视作品中担任重要角色，还可以与观众进行实时互动和交流。这种基于AI技术的虚拟角色创建和表演方式将为数字影视产业带来全新的创作思路和表现形式。

其次，AI技术还可以用于影视内容的智能分析和推荐。通过对大量影视内容的深度学习和分析，AI可以自动识别出内容中的关键元素和特征，为观众提供更加精准和个性化的推荐服务。这种智能分析和推荐的方式将使观众能够更加便捷地找到自己喜欢的影视作品，提升观影体验和满意度。

此外，AI技术还可以应用于影视制作的各个环节中，如剧本创作、场景设计、音乐配乐等。通过AI技术，制作人员可以更加高效地完成这些任务，提高制作效率和质量。同时，AI技术还可以为制作人员提供更加精准和有价值的参考信息，帮助他们更好地把握市场趋势和观众需求。

综上所述，数字影视产业的创新研究涉及多个方面和领域，其中VR、AR、智能化制作以及AI等技术的应用和发展将为产业带来前所未有的机遇和挑战。在未来的发展中，随着科技的不断进步和创新应用的不断涌现，数字影视产业将会迎来更加广阔的发展空间和更多的机遇。同时，面对激烈的市场竞争和观众需求的变化，数字影视产业也需要不断转型升级和创新发展，以适应时代的发展和市场的变化。

4.3.3 数字影视产业面临的机遇与挑战

随着科技的飞速发展，数字影视产业已成为当今文化娱乐领域的重要组成部分。然而，在这一产业的蓬勃发展中，我们不仅要看到其巨大的市场潜力和创新空间，更要清醒地认识到它所面临的诸多挑战。同时，我们也要积极探寻其中的发展机遇，为数字影视产业的未来可持续发展做好充分准备。

1. 未来面临的挑战

（1）版权保护的难题

在数字影视产业中，内容创造者的知识产权成为核心资产之一。然而，随着数字技术的普及和网络传播的便捷性，版权争议和版权保护问题日益凸显。非法复制、盗版传播等行为严重损害了创作者的合法权益，也影响了整个产业的健康发展。因此，加强版权保护意识、完善版权法律制度、提升技术手段等，成为数字影视产业亟待解决的问题。

（2）市场竞争的加剧

数字影视产业的发展势头迅猛，吸引了越来越多的内容创作者和平台加入其中。这使得市场竞争日趋激烈，不仅表现在内容的创意和制作上，更体现在市场份额的争夺和用户黏性的提升上。为了在竞争中脱颖而出，数字影视产业需要不断创新内容形式、提高制作质量、优化用户体验等，以吸引和留住观众。

（3）技术突破的迫切需求

数字影视产业作为一种技术驱动型产业，技术的突破对于其竞争力的提升至关重要。然而，随着观众对影视内容的需求日益多样化和个性化，传统的制作技术和播出方式已经难以满足市场需求。因此，数字影视产业需要积极探索新技术、新应用，如VR、AR、AI等，以实现制作和播出领域的技术突破，提升产业的整体竞争力。

2. 未来发展的机遇

（1）全球数字化进程的推动

随着全球数字化进程的加速推进，数字影视产业将迎来更广阔的发展空间。数字化技术的普及和应用将使得影视内容的制作、传播和消费更加便捷和高效。同时，全球市场的开放和融合也将为数字影视产业提供更多的国际合作和交流的机会，推动其向更高水平发展。

（2）多元化发展的支撑

数字影视产业已经逐渐从单一的影视产业向多元化产业融合发展。与游戏、动漫、音乐等相关产业的融合将为数字影视产业提供更多的创意资源和市场机会。同时，随着消费者对多元化内容的需求不断增加，数字影视产业也将更加注重跨界合作和创新发展，以满足市场的多元化需求。

（3）需求多样化的新青年群体

新一代青年消费群体是数字媒体的主要用户群体之一。他们具有更加开放、多元和个性化的消费特点，对数字影视内容的需求也更加多样化和个性化。这为数字影视产业提供了巨大的市场需求和发展空间。通过深入了解新青年群体的消费特点和需求偏好，数字影视产业可以更加精准地推出符合市场需求的内容产品，提升用户黏性和市场竞争力。

综上所述，数字影视产业在面临诸多挑战的同时，也孕育着巨大的发展机遇。为了应对挑战并抓住机遇，数字影视产业需要积极采取创新措施，以加强版权保护、提升市场竞争力、推动技术突破等；同时，也需要密切关注市场动态和用户需求变化，不断调整和优化发展策略。展望未来，随着科技的不断进步和市场需求的持续增长，数字影视产业将迎来更加广阔的发展前景和更加丰富的创新机遇。

第五章

数字游戏开发

5.1 游戏开发的基本流程

随着游戏产业的蓬勃发展，游戏开发已成为一个高度专业化和复杂化的过程。游戏开发的基本流程，包括规划与概念、预生产、生产、测试和发布阶段。

5.1.1 规划与概念阶段

在游戏开发的早期阶段，设计师和开发团队需要明确游戏的核心目标和愿景。这包括确定游戏的类型、风格、受众群体以及市场定位。通过深入的市场调研和分析，团队可以了解当前的市场趋势、玩家偏好以及竞争对手的情况，从而为游戏的设计和开发提供有力的依据。

为了确保游戏的吸引力和可玩性，团队需要充分考虑游戏的机制、剧情和角色设计。游戏机制是游戏的核心玩法，它应该既有趣又富有挑战性，能够吸引玩家持续参与。剧情和角色设计则有助于为游戏创造丰富的世界观和引人入胜的故事情节，让玩家在游戏中获得沉浸式的体验。

此外，预算和资源的限制也是游戏规划和概念阶段需要考虑的重要因素。团队需要根据项目的规模和复杂度，合理分配人力、物力和财力资源，确保游戏开发的顺利进行。

5.1.2 预生产阶段

预生产阶段是游戏开发过程中的一个关键步骤，它涉及游戏的技术需求、内容规划、场景设计、图形音频制作以及用户界面设计等方面。在这个阶段，开发人员需要制定详细的计划和规格说明，确保每个部分都符合游戏的整体愿景和目标。

技术需求的确定包括选择适合的游戏引擎、开发平台和工具，以及确定游戏的技术架构和性能要求。内容规划则涉及游戏的关卡设计、任务系统、角色设定以及道具装备等方面。场景设计和图形音频制作则负责为游戏创造逼真的环境和氛围，提升玩家的游戏体验。用户界面设计则需要考虑玩家的操作习惯和需求，设计出直观易用的游戏界面。

5.1.3 生产阶段

生产阶段是游戏开发过程中最复杂和最昂贵的一个步骤。在这个阶段，程序员、艺术家、设计师等人员组成的团队将紧密协作，将游戏的各个部分转化为可玩的内容，并集成到游戏开发平台上。

编写游戏代码是实现游戏功能和机制的基础。程序员需要使用各种编程语言和工具，开发出高效、稳定的游戏程序。艺术家则需要创建精美的3D模型、贴图和动画，为游戏提供丰富的视觉表现。设计师则负责游戏的关卡布局、任务设计以及游戏平衡性调整等方面。此外，音效师和音乐家还需要为游戏制作逼真的音效和背景音乐，增强游戏的氛围和代入感。

5.1.4 测试阶段

测试阶段是游戏开发过程中至关重要的一个环节。在这个阶段，团队需要对游戏进行全面的质量检查和优化，确保游戏能够在各种平台和设备上正常运行，并满足预期的规格和标准。

测试人员将模拟玩家的行为，对游戏进行各种测试，包括功能测试、性能测试、兼容性测试以及安全测试等。他们将记录并报告发现的问题和漏洞，并协助开发人员进行必要的调整和改进。通过多轮测试和修复，团队可以逐步提升游戏的质量和用户体验。

5.1.5 发布阶段

当游戏经过测试和最终修改后，就可以在各种平台上发布了。在发布前，团队需要制定适当的营销计划和宣传策略，确保游戏能够获得足够的关注度和曝光度。这包括制作宣传材料、发布预告片、组织媒体试玩活动以及与其他合作伙伴进行联合推广等。

此外，团队还需要密切关注玩家的反馈和评价，及时回应和处理玩家的问题和建议。通过持续的更新和维护，团队可以不断优化游戏的质量和用户体验，延长游戏的生命周期并吸引更多的玩家参与。

总的来说，游戏开发是一个充满挑战和机遇的过程。从规划与概念到预生产、生产、测试和发布，每个阶段都需要团队成员的紧密协作和共同努力。通过明确的目标、合理的计划和持续的创新优化，团队可以打造出深受玩家喜爱的优质游戏作品。

5.2 游戏引擎与技术

游戏引擎是构成可编辑电脑游戏系统或交互式实时图像应用的核心元素，它提供给游戏开发者一整套完备的创作工具，旨在帮助他们更迅速、更便捷地构建游戏程序，避免从零起步的烦琐过程。这些引擎通常具备跨平台兼容性，支持在Linux、Mac OS X和微软Windows等多种操作系统上运行。游戏引擎内部集成了多个子系统，其中包括负责图像渲染的渲染器（分二维和三维）、模拟物理现象的物理引擎、检测和处理物体间碰撞的碰撞检测系统、音效处理模块、用于编写游戏逻辑的脚本引擎、生成和控制电脑动画的系统、实现游戏内人工智能行为的模块、支持多人在线游戏的网络引擎，以及用于管理和调度游戏场景的系统。通过这些子系统的协同工作，游戏引擎为开发者提供了一个强大而灵活的游戏制作环境。

5.2.1 游戏引擎的起源

在引擎的初生阶段（1992—1993年），一个仅有2兆多的游戏《德军司令部》横空出世。对于资深玩家来说，初次体验时的震撼与兴奋至今仍历历在目。这款游戏不仅开创了第一人称射击游戏的先河，更重要的是在游戏的维度上进行了革命性的创新。在传统的X轴和Y轴之外，它增加了一个Z轴，为玩家展现了一个前所未有的3D世界。

这款游戏的引擎由著名的约翰·卡马克打造，他在游戏圈的地位也因此而奠定。尽管《德军司令部》并非首款第一人称视角的游戏（在它之前已有《创世纪：地下世界》等作品），但它的引擎在技术上有着独特的优势，它快速的节奏和紧张刺激的游戏体验使"第一人称射击游戏"这一概念深入人心。而其后续作品《龙霸三合会》则在原有引擎的基础上加入了更多创新元素，如跳跃和视角变化等。

另一款在引擎初期具有重要影响力的游戏是《毁灭战士》。这款同样出自id Software之手的第一人称射击游戏在技术上实现了重大突破。与《德军司令部》相比，《毁灭战士》的引擎支持更为复杂的环境和物体设置，如任意厚度的墙壁和任意角度的路径。这使游戏场景的设计更加多样化，为玩家带来了更为丰富的游戏体验。

尽管《毁灭战士》的引擎在本质上是二维的，但它却能够在屏幕上同时显示大量角色而不影响游戏的流畅性。这一特点使游戏在动作风格上达到了极高的水准，成为后续许多第一人称射击游戏难以企及的目标。同时，《毁灭战士》在环境效果的设计上也展现出惊人的技巧，为玩家营造了一个充满紧张与刺激的游戏世界。

然而，更值得铭记的是，Doom（毁灭战士）引擎开创了引擎授权的先河。1993年末，Raven公司运用改良后的Doom引擎，成功开发了名为《投影者》的游戏，这是游戏史上首次成功的引擎"移植"案例。1994年，Raven公司再次运用Doom引擎打造了《异教徒》，此次创新为引擎增添了飞行特性，预示了跳跃动作游戏的雏形。到了1995年，Raven公司在《毁灭巫师》中进一步丰富了Doom引擎的功能，包括引入新的音效技术、脚本技术以及独特的关卡设计，使得玩家能在不同的关卡之间自由穿梭。这一系列合作充分证明了引擎授权的双赢效益，不仅提升了使用者的游戏体验，也推动了开发者的技术进步。只有通过广泛的共享和应用，游戏引擎才能不断成熟和完善。

《毁灭战士》系列游戏本身就取得了巨大的成功，销量达到了惊人的350万套。而引擎授权费也为id Software公司带来了可观的收益。在此之前，游戏引擎仅仅被视为一种自给自足的开发工具，从未有游戏开发商考虑过将其作为盈利手段。然而，Doom引擎的成功打破了这一固有观念，为游戏行业开辟了一片新的市场领域。

在引擎的演变历程中，1994年是一个重要的转折点。这一年，肯·西尔弗曼为3D Realms公司开发的Build引擎横空出世，其代表作就是家喻户晓的《毁灭公爵3D》。这款游戏已经具备了现代第一人称射击游戏的所有基本要素，如跳跃、360度环视、下蹲、游泳等。此外，它还创新地将《异教徒》中的飞行元素替换为喷气背包，并引入了角色缩小等新颖的游戏机制。在Build引擎的助力下，先后诞生了14款游戏作品，其中包括《农夫也疯狂》《影子武士》《凯恩的遗产：血兆》等经典之作。值得一提的是，中国台湾的艾生资讯也基于该引擎开发了《七侠五义》，这是当时国内为数不多的3D射击游戏之一。通过引擎授权业务，3D Realms公司获得了超过100万美元的额外收入，从而成为引擎授权市场上的领军人物。然而，从整体来看，Build引擎并未对3D引擎的发展产生颠覆性的影响。这一历史使命最终由id Software公司的《雷神之锤》完成。

《雷神之锤》在《毁灭公爵3D》之后不久便与玩家见面，两款游戏之间的优劣一时成为热门话题。虽然从内容层面看，《毁灭公爵3D》略胜一筹，但从技术角度看，《雷神之锤》无疑是领先者。Quake（雷神之锤）引擎作为首款完全支持多边形模型、动画和粒子特效的真正意义上的3D引擎，超越了Doom和Build等2.5D引擎的局限。此外，《雷神之锤》还开创了网络游戏的先河，尽管几年前的《毁灭战士》已经支持通过调制解调器进行在线对战，但真正将网络游戏推向大众视野的还是《雷神之锤》。这款游戏不仅推动了电子竞技产业的发展，还为后来的多人在线游戏树立了典范。

一年后，id Software公司推出了《雷神之锤2》，进一步巩固了其在3D引擎市场的领导地位。这款游戏采用了一套全新的引擎，充分利用了3D加速和OpenGL技术，在图像和网络方面实现了质的飞跃。众多知名游戏如Raven公司的《异教徒2》和《命运战士》、Ritual公司的《原罪》、Xatrix娱乐公司的《黑街太保》以及离子风暴工作室的《星际之门》都采用了Quake Ⅱ引擎。

Quake Ⅱ引擎的授权模式相对灵活，基本许可费从40万美元到100万美元不等，并根据许可费的高低收取相应比例的版税金。通过这种方式，《雷神之锤2》通过引擎授权获得的收入达到了惊人的千万美元级别。尽管游戏本身的销量相较于《毁灭战士》有所不及，大约售出了110多万套，收入约为4 500万美元，但在授权金方面的盈利却远远超过了前者。此时的引擎已经从单纯的开发工具蜕变成了一块极具吸引力的商业宝藏。

然而，任何市场的繁荣发展都离不开实力相当的竞争者。就在Quake Ⅱ独领风骚之际，Epic Megagames公司（现更名为"Epic Games"公司）推出了《虚幻》游戏及其同名引擎。即使在较低的分辨率下，其画面效果也令人叹为观止。除了精美的建筑外，游戏中的许多特效即使放在今天来看也依然令人印象深刻，如水波的荡漾、天空的渲染、庞大的关卡设计以及逼真的火焰、烟雾和力场等效果。从单纯的视觉体验来看，《虚幻》无疑是当时的佼佼者，其带给玩家的震撼程度足以与初次见到《德军司令部》时的感受相媲美。

Unreal（虚幻）引擎可能是应用最广泛的一款游戏引擎。在推出后的短短两年内，就有18款游戏与Epic公司签订了许可协议。其中不乏一些备受好评的作品，如第三人称动作游戏《北欧神符》、角色扮演游戏《杀出重围》以及第一人称射击游戏《永远的毁灭公爵》。这些游戏都获得了玩家和评论家的高度评价。

值得一提的是，Unreal引擎的应用领域并不局限于游戏制作，它还广泛涉及教育、建筑等其他行业。例如，Digital Design公司曾与联合国教科文组织合作，采用Unreal引擎制作了巴黎圣母院的内部虚拟演示项目。Zen Tao公司则运用该引擎为空手道选手开发了一套武术训练软件。另一家软件开发商Vito Miliano公司也基于Unreal引擎开发了一套名为"Unrealty"的建筑设计软件，用于房地产行业的演示和规划。

这款与《雷神之锤2》同时代的引擎经过不断的升级和改进，至今仍在游戏市场上保持着活跃的状态，丝毫没有过时的迹象。这确实是一件难能可贵的事情。

当游戏的图像技术在《虚幻》时代达到某种极致后，其进一步的发展显然已不能仅依赖视觉效果的突破。游戏引擎的作用远不止于图像渲染，它同样深刻影响着游戏的整体风格。例如，所有采用Doom引擎制作的游戏，如《异教徒》和《毁灭巫师》，都呈现出相似的内容和情节设定。随着玩家对单调的射击模式逐渐失去兴趣，开发者开始在其他方面寻求创新，从而掀起了第一人称射击游戏领域的新潮流。

1998年，两款具有划时代意义的游戏作品同时问世：Valve公司的《半条命》和Looking Glass工作室的《神偷：暗黑计划》。尽管之前的《网络奇兵》等游戏也为引擎技术带来了诸多新特性，但《半条命》和《神偷：暗黑计划》对后世作品及引擎技术发展的深远影响无人能及。

屡获大奖的《半条命》采用了Quake和Quake Ⅱ引擎的混合改良版。Valve公司在这两款引擎的基础上加入了两个重要特性：一是脚本序列技术，该技术使游戏以更加合理且引人入胜的节奏推进，通过触发事件让玩家真实体验情节发展，这对于第一人称射击游戏这一历来不太注重情节的类型来说，无疑是一次革命性的突破；二是对人工智能引擎的改进，敌人的行为比以往更加狡猾，不再只是简单地冲向玩家。这两个特性共同赋予了《半条命》引擎独特的魅力，而基于此引擎诞生的《军团要塞》《反恐精英》《毁灭之日》等优秀作品，通过网络代码的加入，进一步展现了《半条命》引擎的耀眼光芒。

在人工智能方面取得真正突破的游戏是Looking Glass工作室的《神偷：暗黑计划》。游戏背景设定在中古时代，玩家扮演一名盗贼，需要在不引起注意的情况下潜入各种场所窃取物品。《神偷：暗黑计划》采用了Looking Glass工作室自主研发的Dark引擎。尽管在图像方面Dark引擎无法与《雷神之锤2》或《虚幻》相媲美，但在人工智能方面却遥遥领先。游戏中的敌人能够根据声音判断玩家的方位，识别不同地面上的脚步声，在不同光照环境下有不同的视力表现。发现同伴尸体后，他们会进入警戒状态，并针对玩家的行动做出合理反应。玩家必须躲在暗处以避免被发现，才能成功完成任务。这种隐秘的游戏风格在以往的纯粹杀戮游戏中是罕见的。之后的大多数第一人称射击游戏都或多或少地借鉴了这种风格，比如《荣誉勋章：盟军进攻》。遗憾的是，由于Looking Glass工作室的过早倒闭，Dark引擎未能得到进一步推广和应用。除了《神偷：暗黑计划》外，采用该引擎的游戏仅有《神偷2：金属时代》和《网络奇兵2》等少数几款。

受《半条命》和《神偷：暗黑计划》的启发，越来越多的开发者开始将注意力从单纯的视觉效果转向更丰富多变的游戏内容。其中值得一提的是离子风暴工作室出品的《杀出重围》。《杀出重围》采用了Unreal引擎，虽然画面效果出色，但在个体人工智能方面未能达到《神偷》系列的高度。游戏中的敌人更多依赖预先设定的场景脚本做出反应，例如打碎弹药盒可能引起附近敌人的警觉，但这并不代表他们真正听到了什么。打死敌人后，周围的同伙可能会朝玩家所在的位置冲来，也可能无动于衷。这些不真实的行为在《荣誉勋章：盟军进攻》中也同样存在。然而，《杀出重围》的出色图像品质弥补了人工智能方面的不足，而其独特的游戏风格更是脱颖而出。游戏融入了浓重的角色扮演元素，人物可以积累经验、提升技能，并有丰富的对话和曲折的情节。与《半条命》相似，《杀出重围》的成功彰显了叙事对第一人称射击游戏的重要性。能否更好地支持游戏叙事成为衡量引擎优劣的新标准。

从2000年起，3D引擎开始朝着两个不同方向发展：一是如《半条命》《神偷：暗黑计划》《杀出重围》那样，通过融入更多叙事和角色扮演元素以及加强游戏人工智能来提高可玩性；二是朝着纯粹的网络模式发展。在这一方面，id Software公司再次走在行业前沿。他们意识到与人斗其乐无穷，于是在Quake Ⅱ出色的图像引擎基础上加入更多网络成分，破天荒地推出了一款完全没有单人过关模式的纯网络游戏《雷神之锤3：竞技场》。它与

Epic Games公司稍后推出的《虚幻竞技场》共同成为引擎发展史上的重要转折点。

随着《雷神之锤3：竞技场》使用的引擎的成功，id Software公司在引擎授权市场上也取得了可观收益。Raven公司再次与id Software公司合作，采用该引擎制作了第一人称射击游戏《星际迷航：精英部队》。此外，这款引擎还被用于制作第三人称动作游戏《重金属F.A.K.K. 2》和《艾丽丝漫游魔境》、两款二战题材的射击游戏《重返德军总部》和《荣誉勋章：盟军进攻》，以及《星球大战绝地放逐者：绝地武士2》。从地牢到外太空，从童话世界到第二次世界大战，从第一人称到第三人称视角，充分展现了《雷神之锤3：竞技场》引擎的强大潜力和广泛应用范围。

尽管Epic Games公司的《虚幻竞技场》在推出时间上稍逊于《雷神之锤3：竞技场》，但仔细比较后会发现其表现略胜一筹。两款游戏在画面方面不相上下，但在联网模式上，《虚幻竞技场》提供了更多样化的对战模式，包括死亡竞赛和团队合作等。而且Unreal Tournament（虚幻竞技场）引擎不仅适用于动作射击游戏，还可为大型多人游戏、即时策略游戏和角色扮演游戏提供强大的3D支持。在许可业务方面，Unreal Tournament引擎的表现也超过了《雷神之锤3：竞技场》。采用该引擎制作的游戏包括《星际迷航深度空间九：坠落》《新传说》《炽天使》等。

在1998年至2000年期间，另一款迅速崛起的引擎是Monolith公司的LithTech引擎。该引擎最初用于机甲射击游戏《升刚》。LithTech引擎的开发历时五年，耗资700万美元。当它在1998年首次推出时，立即引起了业界的关注，为当时白热化的《雷神之锤2》与《虚幻》之争注入了新的活力。然而，由于高昂的开发成本，2002年Monolith公司决定成立独立的LithTech公司，专注于LithTech引擎的授权许可业务，以期回收部分成本。

采用LithTech第一代引擎制作的游戏包括《血兆2》和《理智》等。2000年，LithTech公司推出了引擎的2.0和2.5版本，新增了骨骼动画和高级地形系统。令人印象深刻的《无人永生》和《全球行动》就是采用LithTech 2.5引擎制作的。此时的LithTech已经从有益的补充者跃升为与《雷神之锤3：竞技场》和《虚幻竞技场》平起平坐的引擎。LithTech引擎的3.0版本衍生出了"木星""鹰爪""深蓝""探索"四大系统。其中"鹰爪"用于开发《异形大战掠夺者2》，"木星"用于《无人永生2》的开发，"深蓝"用于开发PS2版《无人永生》，"探索"则被用于制作大型网络游戏。除了强大的性能外，LithTech引擎的最大卖点在于其详尽的服务。购买者不仅可以获得LithTech引擎的源代码和编辑器，还可以享受免费的升级、迅速的电子邮件和电话技术支持，其至还可以接受LithTech公司的手把手培训。而且LithTech引擎的平均价格相对较低，大约在25万美元，与《雷神之锤3：竞技场》引擎的70万美元相比显得相当实惠。

2001年迎来了众多优秀的3D射击游戏，其中一部分采用了现成的引擎，如《星际迷航深度空间九：坠落》《重返德军总部》《荣誉勋章：盟军进攻》，它们基于《雷神之锤3：竞技场》《虚幻竞技场》等引擎制作。而更多的游戏则选择了自主研发引擎，具有代表性的包括网络射击游戏《部落2》、第一人称射击游戏《马克思佩恩》《红色派系》《英雄萨姆》等。这些游戏通过独特的引擎技术为玩家带来了全新的游戏体验。《部落2》采用了V12引擎，尽管这款引擎在技术上无法与《雷神之锤3：竞技场》《虚幻竞技场》相媲美，但其独特的许可模式却吸引了众多独立开发者的关注。开发者只需支付100美元即可获得引擎使用权，然而这一低价背后却伴随着一系列苛刻的规定，如不能将引擎用于为竞争对手制作游戏、开发出来的游戏必须在发行前交给Garage Games公司等。尽管如此，对于那些规模较小的开发者来说，这个超低价引擎仍然具有极大的吸引力。《马克思佩恩》则采用了MAX-FX引擎，这是首款支持辐射光影渲染技术的引擎，能够结合物体表面的所有光源效果计算出每个点的折射率和反射率，营造出逼真的光影效果。

此外，MAX-FX引擎还引入了"子弹时间"这一《黑客帝国》风格的慢动作镜头，让玩家能够清晰地看到子弹的飞行轨迹。《红色派系》则采用了Geo-Mod引擎，这是首款允许玩家任意改变几何体形状的3D引擎。玩家可以使用武器在墙壁、建筑物上炸出缺口并穿墙而过，或在平地上炸出弹坑躲避敌人。此外，Geo-Mod引擎还具备出色的人工智能系统，敌人会根据玩家的行动和环境变化做出合理反应。《英雄萨姆》则采用了强大的Serious引擎，以其出色的渲染能力和流畅的游戏体验赢得了玩家的喜爱。在面对大量敌人和广阔场景时，游戏画面依然能够保持流畅无卡顿。此外，《深海惊魂》所采用的Krass引擎也值得一提，它作为GeForce 3的官方指定引擎，在视觉表现方面无可挑剔。

可以明显看出，2001年推出的多款游戏引擎延续了数年的发展趋势。这些引擎一方面持续追求更加逼真的效果，例如MAX-FX引擎致力于实现画面的高度真实感，Geo-Mod引擎则注重内容的真实性，而《命运战士》所采用的GHOUL引擎则专注于呈现死亡的真实场景；另一方面，这些引擎也在不断探索网络游戏的可能性，例如《部落2》《军团要塞2》以及Monolith公司的大型网络游戏项目。

然而，在早期阶段，由于技术限制，将第一人称射击游戏融入大型网络环境的构想难以实现。通常，大型网络游戏主要以节奏较慢的角色扮演游戏为主。这些游戏所使用的引擎，如《卡米洛黑暗时代》的NetImmerse引擎、《地平线：伊斯塔里亚帝国》的Horizons引擎，以及声称能够支持50万玩家在同一虚拟世界中无缝游戏的BigWorld引擎，都无法支撑数百名玩家同时参与的大型团队动态战斗环境。考虑到这一点，id Software公司决定重新聚焦单人游戏模式，随后推出了以单人游戏为核心的《雷神之锤4》和《毁灭战士3》。与此同时，竞争对手Epic Games公司也在积极开发新一代的Unreal引擎和《虚幻竞技场2》的引擎。尽管关于这些引擎的详细信息并不多，但从已展示的实时渲染动画片段来看，它们无疑超越了市场上的其他引擎，预示着游戏引擎新时代的到来。

《激战海陆空》这款游戏的问世，创造性地解决了多人大规模同时在线战斗的技术难题。这使得"将第一人称射击游戏融入大型网络环境"的构想得以实现。该游戏成为当时全球唯一一款海陆空全实景、全拟真的立体模拟战争游戏。它采用了独一无二的Unity3D游戏引擎技术，这是开发商投入巨资独立研发并具有完全知识产权的产品。这款引擎是在美国先进的飞行模拟软件基础上进行二次开发的。凭借这种领先全球的引擎技术，《激战海陆空》能够支持超过5 000名玩家同时在线，并在同一个地图上的多个战场进行战斗，同时确保游戏的流畅性。此外，游戏中的各种武器都经过了精心模拟，包括弹药的抛物线轨迹、不同装甲的厚度和防护性能，以及飞机经过风洞测试后的气动性能等，都力求达到真实武器装备的仿真程度。

值得注意的是，越来越多的优秀游戏开发者开始退出游戏开发市场，转而投身于引擎授权业务。这种趋势令人担忧。尽管引擎的不断进步提升了游戏的技术含量，但决定游戏质量的关键因素仍然在于使用技术的人而非技术本身。引擎只是游戏的框架，它提供了一种潜在的可能性。游戏的吸引力取决于内容的质量而非框架本身。正如《无人永生》开发团队所言："最终衡量一个游戏是否成功的标准是你的游戏是否有趣。"

5.2.2 游戏引擎核心技术

1. 图形渲染技术的艺术之美

图形渲染技术可谓游戏引擎的"画笔"，它将虚拟世界中的一切元素以视觉的形式呈现在玩家面前。其中，三维引擎扮演着至关重要的角色，它负责将精致的三维模型、细腻的纹理以及逼真的光影效果融合成一个完整的游戏世界。光影处理则更进一步，通过模拟真实世界中的光源、阴影、反射和折射等效果，为游戏画面增添了层次感和立体感。纹理处理则关注材质的细节表现，使得游戏中的每一个物体都拥有独特而真实的外观。特效处理则如同游戏中的"魔术"，为玩家带来惊艳的粒子效果、雾气缭绕的场景以及动态多变的天气系统。而渲染优化的存在，则是为了确保这一切都能以最高的效率和最佳的质量呈现在玩家眼前。

2. 物理模拟技术的真实之触

物理模拟技术为游戏世界赋予了真实的触感。刚体动力学使游戏中的物体能够按照真实世界的物理规律进行运动、旋转和碰撞，为玩家带来更加逼真的游戏体验。人体动力学则专注于模拟角色的运动姿态和动作，使游戏中的角色更加生动、自然。车辆模拟技术则让玩家在游戏中驾驶车辆时能够感受到真实的行驶、漂移和碰撞效果。而液体模拟技术更是让游戏中的水流、波浪和雨滴等元素如同真实世界一般自然、流畅。物理优化的目的则是在保证效果真实的同时，最大限度地提升游戏的运行性能。

3.音频处理技术的沉浸之听

音频处理技术为游戏世界增添了声音的色彩。音频引擎负责管理和播放游戏中的各种声音资源，为玩家带来丰富多变的音效体验。空间音效技术则模拟了声音在真实空间中的传播方式，使游戏中的声音更加自然、立体。动态音效则能够根据游戏中的情境和玩家的行为实时生成相应的音效，增强了游戏的互动性和沉浸感。而音频优化的目标则是在保证音效质量的前提下，降低对游戏性能的影响。

4.人工智能技术的智慧之思

人工智能技术赋予了游戏角色智慧和思考的能力。行为树技术使AI角色的行为和动作更加符合逻辑、自然流畅。感知模块则让AI角色能够感知到游戏中的各种信息和变化，并做出相应的反应。决策模块则模拟了人类的思考和决策过程，使AI角色能够根据当前的情况和目标做出合理的决策。路径规划技术则为AI角色提供了从起点到终点的最佳路径选择。人工智能优化则是在保证AI效果真实、智能的同时，提升游戏的运行效率。

5.网络通信技术的互联之桥

网络通信技术为游戏世界搭建了互联互通的桥梁。网络协议定义了游戏中数据传输的格式和规范，保证了不同设备、不同平台之间的顺畅通信。服务器架构则为游戏提供了稳定、高效的运行环境，支持大量玩家同时在线游戏。网络优化技术则针对网络延迟、丢包等问题进行优化处理，提升了游戏的网络性能和稳定性。这些技术的应用不仅丰富了游戏的玩法和互动性，更为玩家带来了更加流畅、更加稳定的在线游戏体验。

总之，游戏引擎的五大核心技术共同构成了游戏开发的基石。它们相互协作、相互依赖，共同为玩家呈现了一个个充满魅力、引人入胜的虚拟世界。随着技术的不断进步和创新发展，我们有理由相信未来的游戏引擎将会为我们带来更加惊艳、更加真实的游戏体验。

5.2.3　著名的 MMOG（大型多人在线游戏）专用商业引擎

- EA DICE工作室的Frostbite（寒霜）系列引擎。
- BigWorld公司的BigWorld引擎。
- Emergent公司的Gamebryo引擎。
- Epic Games公司的Unreal（虚幻）系列引擎。
- Crytek公司的Cry（尖叫）系列引擎。
- Garage Games公司的Torque 3D引擎。
- Hero公司的Hero引擎。
- 北京目标软件公司的OverMax（奥世）引擎。
- Quantumas引擎（国产，个人研发）。
- Valve公司的Source Engine（起源）引擎。
- Infinity Ward工作室的IW（无尽）系列引擎。
- 幻影游戏引擎（国产，个人研发）。
- 搜狐畅游公司的黑火引擎（国产）。
- 完美世界公司的Athena（雅典娜）引擎（国产）。
- Unity Technologies的Unity 3D引擎。
- Silicon Studio公司的Orochi4（大蛇4）引擎。
- Square Enix公司的Luminous（夜光）引擎。
- Croteam公司的Serious系列引擎。

5.2.4　引擎授权市场与游戏开发的新趋势

随着游戏开发的不断发展和市场竞争的加剧，越来越多的开发者开始倾向于使用第三方的现成引擎来制作自己的游戏。这不仅可以节约成本、缩短开发周期和降低风险，还能让开发者将更多的精力投入到游戏内容和创意上。因此，一个庞大的引擎授权市场已经形成并逐渐壮大。

在这个市场中，最大的受益者往往是各大网络游戏公司。通过购买第三方引擎的授权，它们能够迅速开发出高质量的网络游戏并投放市场、获取收益。然而，随着市场的急剧变化和玩家需求的不断提升，用第三方引擎开发网络游戏的成本也越来越高。为了应对这一挑战并寻求新的突破点，游戏引擎开发商开始致力于研发一种能够大量节约开发成本和缩短开发周期的引擎技术。这种技术的出现将为游戏开发带来革命性的变革并推动整个行业的持续发展。

总之，游戏引擎作为游戏开发的"心脏"和"灵魂"，在游戏制作过程中发挥着至关重要的作用。从光影效果、动画系统、物理系统、碰撞探测技术以及渲染和网络功能等各个方面都为玩家带来了更加真实、丰富和更具互动性的游戏体验。随着技术的不断进步和市场需求的不断变化，以及引擎授权市场的日益壮大，我们有理由相信未来的游戏世界将会更加精彩纷呈。

5.3 游戏产业的现状与未来

5.3.1 全球游戏产业的现状与未来

1. 市场规模的持续增长

随着科技的飞速发展和智能设备的广泛普及,全球游戏市场近年来呈现出持续增长的强劲态势。智能手机、平板电脑等移动设备的普及,使得移动游戏市场迅速崛起,成为全球游戏市场的重要组成部分。据统计,全球游戏市场规模已超过数千亿美元,并且预计未来几年仍将保持稳定的增长。

游戏玩家的数量也在不断增加,从年轻人到中老年人,从城市到乡村,游戏已成为人们娱乐生活的重要组成部分。随着人们生活水平的提高和消费观念的转变,游戏消费也在逐年上升。游戏内购买、广告收入、订阅服务等多元化盈利模式为游戏市场的持续增长提供了有力支撑。

2. 技术创新推动行业变革

技术创新是推动游戏行业发展的重要动力。近年来,虚拟现实(VR)、增强现实(AR)、云游戏、人工智能等新技术逐渐应用于游戏领域,为游戏行业带来新的增长点。

VR和AR技术的融合，使得游戏玩家能够沉浸在更加真实、更加立体的虚拟世界中，获得前所未有的游戏体验。云游戏技术的兴起，打破了传统游戏对于硬件设备的依赖，玩家无须购买高性能的游戏主机，即可通过云端服务器畅玩各类大型游戏。人工智能技术则为游戏提供了更加智能的NPC、更加逼真的游戏场景和更加丰富的游戏剧情。

这些新技术的应用，不仅为游戏体验带来了革命性的提升，也为游戏类型和商业模式带来了创新。例如，VR游戏、云游戏等新型游戏类型逐渐崭露头角，成为游戏市场的新热点。同时，基于新技术的游戏商业模式也层出不穷，为游戏市场的持续发展注入了新的活力。

3. 游戏类型的多样化

随着游戏市场的不断发展和玩家需求的日益多样化，游戏类型也越来越丰富多样。从传统的休闲游戏、竞技游戏到近年来兴起的沙盒游戏、模拟游戏等，各种类型的游戏层出不穷，满足了不同玩家群体的需求。

休闲游戏以简单易玩、轻松有趣为特点，吸引了大量轻度玩家。竞技游戏则以高度的竞技性和团队协作性为卖点，吸引了众多热爱挑战和竞技的玩家。沙盒游戏和模拟游戏则以高度的自由度和创造性为特色，满足了玩家对于探索、创造和体验的需求。

此外，跨平台游戏和社交游戏等趋势也为游戏市场带来了新的机遇。跨平台游戏使玩家可以在不同设备上畅玩同一款游戏，实现了游戏的无缝切换和互联互通。社交游戏则将游戏与社交相结合，使玩家在游戏中可以结交新朋友、分享游戏心得和体验，增强了游戏的社交性和互动性。

4. 地区差异和政策影响

不同地区的游戏市场发展程度和喜好存在差异，这为游戏厂商提供了拓展海外市场的机会。例如，亚洲地区以移动游戏市场为主导，欧美地区则更加注重主机游戏和PC游戏的发展。针对不同地区的市场特点，游戏厂商需要制定相应的市场拓展策略，以满足当地玩家的需求。

然而，政策法规和审查制度在不同国家和地区也有所不同，这对游戏市场的发展也产生一定影响。例如，某些国家对于游戏内容的审查非常严格，禁止或限制某些类型游戏的发行和销售。因此，游戏厂商在拓展海外市场时，需要充分了解当地的政策法规和审查制度，以避免不必要的风险。

5. 激烈的市场竞争

游戏市场竞争异常激烈，大量的游戏厂商和独立开发者都在争夺市场份额。如何在竞争中脱颖而出，提供具有吸引力的和创新的游戏产品，是游戏厂商面临的挑战。

为了应对市场竞争，游戏厂商需要不断投入研发资源，开发具有创新性的游戏类型、玩法和商业模式，同时要注重用户体验和反馈，及时优化游戏产品和服务，以提高用户满意度和忠诚度。此外，加强与渠道商、媒体等合作伙伴的合作，扩大游戏的曝光度和影响力，也是提升市场竞争力的重要手段。

6. 游戏行业监管趋严

随着游戏市场的不断发展和玩家数量的增加，游戏行业的监管问题也日益凸显。在一些国家和地区，政府对于游戏行业的监管政策越来越严格，特别是对于未成年人的游戏时间限制、防沉迷机制等方面提出了明确要求。

这些监管政策的出台对于游戏市场产生了一定影响。一方面，它要求游戏厂商更加注重对未成年人的保护和教育责任，加强对游戏内容和机制的审核和管理；另一方面，它也促进了游戏行业的规范化和健康发展，为行业的长期发展奠定了基础。

针对监管政策的变化，游戏企业需要加强自律意识和规范运营，确保游戏产品的合法合规，同时要积极与政府、社会组织和家长等各方沟通合作，共同推动游戏行业的健康发展。

5.3.2 中国游戏产业的现状与未来

1. 从狂奔到存量博弈

回顾过去二十年，中国游戏产业与互联网时代共同成长，如今已发展成为一个规模达3 000亿元的市场。几乎每五年左右就会经历一轮行业大洗牌，其成长迭代速度令人惊叹。

2000年前后，随着互联网的快速普及和电脑的家庭化，中国网络游戏开始兴起并逐渐塑造了今日的市场格局。随后，门户网站推动了以Flash为主的网页游戏时代的发展，为数字娱乐产业铺平了道路。

随着2006年智能手机的广泛普及、主机游戏体验的不断提升以及免费游戏模式的创新推出，全球游戏行业迎来了一个黄金发展期，玩家数量和付费意愿共同增长。

2011年至2015年间，大型游戏公司内容同质化问题日益严重，而游戏行业却迎来了创新的高潮。精品工作室如雨后春笋般涌现，如Funplus、米哈游、灵犀互娱、莉莉丝、沐瞳、散爆等都是在这一时期崭露头角的。这些公司后来在游戏行业中取得了显著的成绩。

与此同时，移动互联网的普及推动了手机游戏的迅猛增长。至2016年，手机游戏收益超越了端游市场，如今已占据绝对主导地位，市场份额高达

75%。其中，微信在2018年元旦推出的"跳一跳"小游戏刷屏了4亿人的朋友圈，开启了移动端的轻休闲游戏时代。

进入2020年，虽然新冠疫情暂时提升了移动游戏的用户基数并推动用户规模突破6.5亿人，但这一增长势头并未能持续。至2023年6月末，用户数稳定在6.55亿人，而全球游戏人口的年增速也从之前的6%~8%腰斩至3%~4%。用户基数与玩家游戏时间的增长放缓，意味着游戏行业正式进入存量博弈的阶段。

尽管如此，技术的发展仍然为行业带来了新的机遇。2023年也出现了一些新的趋势。

AI、VR、视觉识别、声音识别等技术在游戏中的应用越来越广泛。例如网易的《逆水寒手游》已经率先实现了NPC GPT的直装，探索了AI在游戏中的新应用场景，从而丰富了游戏内容并提升了用户活跃度。

同时，游戏IP的价值拓展方式也越来越多样化，通过跨界合作和衍生品的开发打开了新的市场空间。以三七互娱为例，其产品《叫我大掌柜》在短短一年内通过与文化景区、餐饮品牌、动漫影视IP等领域的多达16次的联名合作，巩固了其在模拟经营类游戏中的领先地位。

2. 行业的分化与小游戏的机遇

中国游戏行业的竞争日益激烈，各家公司的业绩也呈现出明显的分化趋势。分析人士认为游戏市场正在逐渐走向两个极端：头部品牌和小型游戏各自凭借资源优势和价格优势占据市场份额；而腰部公司及产品则面临着更大的竞争压力。"在信息流推送机制下从1到10的难度变得更高了，但是从10到100的速度却提升了。"自2019年以来，包括国内的微信H5小游戏和出海的休闲轻度手游在内，越来越多的中重度精品小游戏开始涌现，并在生命周期、用户留存和商业化变现方面表现出色。从2018年到2022年，微信小游戏的累计用户已达到10亿，月活用户达到4亿。据预测整体市场的潜力已达数百亿元。

《2024中国游戏产业趋势及潜力分析报告》指出，小游戏在本年度取得了较高的市场关注度，多款游戏流水均达亿级水平。而由于跳转链路更完善、潜在用户多等原因，小游戏领域仍然存在大量的市场机会。

市场普遍认为小游戏是国内手机游戏市场的新增长点，并将成为各大游戏公司争夺的焦点。然而打造一个成功的"小游戏"并不容易。业内开发者强调，无论是在游戏策划方面，还是在技术研发方面，打造高品质的游戏仍然需要大量的精力和资源投入。与传统的游戏APP相比，虽然小游戏降低了用户的尝试成本，但用户对游戏品质的期望并未降低。从运营角度来看，小游戏的用户获取成本也有所降低，但其开发和维护仍需精细化管理。

小游戏在触达用户、适应多样化的使用场景以及提供独特的游戏体验方面具有明显优势。微信、抖音等平台的强大生态系统和运营工具使小游戏在长线留存方面远超网页游戏，具备更广阔的发展空间。

完美世界公司也看好小程序游戏的生态潜力，认为其易于接入、轻量的体验能有效吸引更多的非游戏用户群体，并占领用户的碎片化时间，为整个游戏市场注入新的活力和增长潜力。

3. "酣战"出海成熟市场

在当前高度竞争的市场环境下，中国游戏厂商的出海之路充满挑战。中国音像与数字出版协会副秘书长、游戏工委秘书长唐贾军指出：2023年全年，五个重要的美、德、英、日、韩移动市场中，中国游戏产品的数量呈现增长趋势，同时中国游戏企业在头部榜单中的表现也有所提升。这表明成熟市场仍然是中国游戏出海的主要方向。

然而从整体来看，2023年中国自研游戏在海外市场的实际收入为163.66亿美元，同比下降5.65%，继2022年之后再次出现下滑。这意味着海外市场正在从"蓝海"逐渐转变为"红海"，竞争日益激烈。

手游数据商Sensor Tower的统计数据显示，2022年全球手游收入出现下滑趋势，游戏数量较上一年减少近3 000款，开发商数量也减少了909家。这表明中尾部厂商开始出清，市场竞争强度不断上升，影响了整体海外手游市场的收入水平。特别是在美、日、韩等成熟市场，手游收入的下滑趋势更加明显，导致入局门槛不断提高。

尽管如此，也有一些值得关注的细节和趋势。中国自研游戏在2022年上半年的海外收入实现了同比增长。这主要得益于将更多目光放在人口数量多、结构偏年轻化、互联网发展增速快的东南亚、中东、拉美等新兴市场。这种"区域性逆袭"的策略为中国游戏厂商带来了新的机遇。

多品类、多市场、中国元素的深度融合已成为头部游戏厂商的普遍选择。一些头部公司凭借多年的出海深耕，已积累了丰富的游戏储备，即将迎来成果的集中收获期。比如沐瞳的《无尽对决》通过为柬埔寨高棉语和菲律宾塔加洛语等小语种用户定制专属界面，在东南亚地区持续风靡，上线七年总流水超过17亿美元。

出海不仅仅是语言符号的翻译，更需要对本土市场和玩家加以更深层的理解。如近年在海外发展势头迅猛的三七互娱主要采用"因地制宜"策略，即根据核心市场用户的喜好和区域特色为用户提供定制化的产品，并根据地区特点进行定制化运营和推广。在游戏内容和推广素材上实现差异化，以满足不同地区玩家的需求。这种策略使三七互娱在海外市场实现了多个品类的

"多点开花",并凭借对本地化和长线运营的深度理解,以更长的生命周期实现了财务上更稳健的增长,长期稳居中国手游出海厂商收入榜前列。

在持续探索游戏与中华文化的创新融合方面,三七互娱也取得了显著成果。其全球发行的《叫我大掌柜》曾与京剧脸谱、广府文化以及古代海上丝绸之路等文化内容进行联动,通过本地化与中华优秀传统文化的深度融合,刷新了古风模拟经营游戏在欧美地区的历史成绩。这种融合不仅提升了游戏的品质和吸引力,也为中国文化的传播和交流做出了积极贡献。

此外,以深耕日本二次元文化多年的悠星网络为例,其《明日方舟》日服在秋日感谢祭活动中,单日营收突破400万美元;在巴西表现不俗的《Free Fire》则联动了当地狂欢节活动,并上线了巴西国家队专属皮肤和道具等。这些成功案例表明,只有结合当地文化语境并融入中国元素,才能以差异化的精品游戏吸引并留住更多玩家。

国产游戏出海不仅是商业扩张的战略需要,更是中国文化软实力的展示。对于中国厂商而言,结合当地文化语境并融入中国元素,是打造差异化精品游戏并吸引更多玩家的关键所在。在当前强调"文化自信"的背景下,我们期待未来将有更多出色的国产游戏作品带着中华文化元素,在全球游戏市场乘风破浪,展现中国故事的独特魅力。

第四篇
数字技术实现

数字创意
未来产业的无限可能

第六章
虚拟现实与增强现实

6.1 虚拟现实与增强现实的基本原理

虚拟现实（Virtual Reality，VR）和增强现实（Augmented Reality，AR）是近年来技术领域的热点话题。这两种技术通过创造沉浸式的虚拟环境或在现实世界中叠加虚拟信息，为用户带来了前所未有的体验。虽然VR和AR看似类似，但它们在实现方式和应用领域上有着重要的区别。接下来，我们将详细介绍这两种技术以及它们在游戏、教育、设计等领域的应用。

我们先来深入探讨虚拟现实。VR技术以其出色的沉浸式体验而闻名，它利用计算机生成一个三维的、与用户真实环境相隔绝的虚拟世界。用户通过佩戴特制的头戴式显示器（Head-Mounted Display，HMD）和手持控制器等设备，能够自由地与这个虚拟世界进行互动。HMD通过高分辨率的显示屏和精确的头部跟踪系统，将用户的视野完全覆盖，并实时呈现与用户的头部运动相对应的虚拟场景。这种身临其境的感觉让用户仿佛置身于一个完全不同的、由计算机生成的虚拟环境中。

为了实现这种沉浸式体验，VR技术需要克服一系列技术挑战。首先，VR设备必须能够准确捕捉用户的头部和身体动作，并将其实时转化为虚拟环境中的相应运动。这要求设备具备高精度的传感器和快速的响应能力，以确保用户的动作能够在虚拟世界中得到流畅的反映。其次，VR技术还需要具备高质量的图像渲染能力。虚拟世界的逼真程度和视觉体验的质量取决于图像渲染的精细度和实时性。为了实现这一点，VR系统通常搭载强大的图形处理器（GPU），并采用先进的渲染算法和技术，以在保持高帧率的同时提供逼真的图像效果。

除了图像渲染，音频处理也是VR技术中不可或缺的一部分。为了营造更加真实的沉浸式体验，VR系统需要模拟虚拟世界中的声音传播和反射效果。这要求音频处理算法能够准确地模拟声音在不同环境中的传播特性，如回声、混响和距离衰减等。通过将这些音频效果与用户头部的位置和朝向相结合，VR系统能够为用户提供更加自然和逼真的听觉体验。

与VR不同，AR技术并不是将用户带入一个完全虚构的环境，而是在现实世界中叠加虚拟信息，从而为用户提供增强的现实体验。AR技术通过融合计算机生成的图像、文字、音频等元素与现实世界的场景，使用户能够以全新的方式与现实环境感知和互动。这种融合是通过AR设备（如智能手机、平板电脑或头戴式显示器）实现的，它们通过内置的摄像头捕捉现实世界的画面，并利用先进的计算机视觉算法对图像进行处理和分析。

AR技术的核心在于准确地将虚拟信息叠加到现实世界的正确位置。为了实现这一点，AR设备需要具备强大的图像识别和空间定位能力。图像识别算法能够识别现实场景中的物体、标志和表面等特征，并根据这些信息确定虚拟信息的放置位置。同时，空间定位技术则用于跟踪用户的位置和朝向，以便将虚拟信息与用户的视角和动作保持一致。这些技术的结合使得AR设备能够在用户视野中呈现出与现实世界相结合的虚拟元素，从而创造出一种独特的增强现实体验。

除了图像和音频处理外，AR技术还可以与其他传感器和输入设备相结合，提供更丰富的互动体验。例如，通过手势识别技术，用户可以通过简单的手势来与虚拟信息进行交互；通过位置感知技术，AR应用可以根据用户所处的地理位置提供相关的虚拟信息；通过语音识别技术，用户可以使用语音命令来控制AR应用等。这些技术的融合使得AR体验更加自然、直观和多样化。

然而，尽管VR和AR技术带来了许多令人兴奋的可能性，但它们也面临着一些挑战和限制。例如，设备的舒适性、可用性、成本以及内容的丰富性和质量等方面仍然需要不断改进和提升。此外，隐私和安全性问题也是VR和AR技术发展中需要重视的方面。随着技术的不断进步和行业标准的建立，我们有信心克服这些挑战，并推动VR和AR技术的更广泛应用和发展。

6.2 VR 和 AR 技术的应用领域

VR和AR技术作为现代技术的杰出代表，正在改变着我们的生活方式和认知世界的方式。VR通过完全沉浸式的体验将用户带入一个虚构的三维世界，让他们能够自由地探索、互动和体验其中的奇妙之处。而AR则将虚拟信息与现实世界相融合，为用户提供增强的现实体验，使他们能够以全新的方式感知和与现实环境互动。随着技术的不断发展和创新，我们有理由相信，VR和AR将在未来继续拓展其应用领域，并为我们的生活带来更多令人惊叹的可能性。

6.2.1 游戏领域

VR和AR技术在游戏领域的应用已经得到了广泛的认可。通过VR技术，游戏玩家可以身临其境地进入一个全新的虚拟世界，与游戏角色进行互动，完成各种任务。这种沉浸式体验不仅为玩家提供了极高的代入感和真实感，还使游戏更加引人入胜。近年来，众多知名游戏开发商纷纷推出了VR游戏，如《半条命：爱莉克斯》《节奏光剑》等，这些游戏以其独特的体验方式受到了玩家的热烈欢迎。

与此同时，AR游戏也将虚拟元素巧妙地融入现实环境中，让玩家在现实世界中与虚拟角色进行互动，为玩家带来了前所未有的互动体验。其中最具代表性的作品莫过于《口袋妖怪GO》。这款游戏一经推出，便在全球范围内引发了巨大的热潮，成为AR游戏的里程碑之作。

《口袋妖怪GO》巧妙地利用了智能手机的摄像头和GPS定位功能，将原本只存在于虚拟世界中的口袋妖怪带到了玩家的现实世界中。当玩家漫步在街头巷尾、公园绿地或是任何一处开放空间时，他们都有机会与这些可爱的虚拟生物不期而遇。这种将虚拟与现实相结合的游戏设计，不仅打破了传统游戏的界限，也让玩家在享受游戏乐趣的同时，更加深入地感受到了现实世界的美好。

在游戏中，玩家可以通过智能手机屏幕看到现实世界中出现的口袋妖怪，并通过投掷精灵球的方式捕捉它们。这种捕捉方式不仅考验玩家的反应速度和准确度，更让玩家在现实世界中体验到了捕捉口袋妖怪的乐趣。每当成功捕捉到一只口袋妖怪时，玩家都会获得满满的成就感和喜悦。

除了捕捉口袋妖怪外，《口袋妖怪GO》还提供了丰富的培养系统。玩家可以通过喂食、训练等方式提升口袋妖怪的能力，并与它们建立深厚的感情。这种养成机制不仅增加了游戏的可玩性，也让玩家在游戏中找到了属于自己的小伙伴。

此外，《口袋妖怪GO》还支持玩家之间的战斗功能。玩家可以将自己的口袋妖怪带到指定的战斗场所，与其他玩家的口袋妖怪一较高下。这种战斗方式不仅考验玩家的策略和技巧，更让玩家在激烈的对战中感受到了竞技的魅力和团队合作的重要性。

《口袋妖怪GO》的成功不仅在于其独特的游戏设计，更在于其对社会现象和人们心理的深刻洞察。在现代社会中，人们常常沉浸于虚拟世界中，忽视了现实世界的美好。而《口袋妖怪GO》则通过AR技术，将虚拟元素巧妙地融入现实环境中，让玩家在享受游戏乐趣的同时，也重新发现了现实世界的魅力。

这款游戏所引发的热潮也反映了人们对于新技术和新体验的热情和追求。AR技术的不断发展将为未来的游戏产业带来更多的可能性和创新空间。我们期待更多像《口袋妖怪GO》这样的优秀作品的出现，为我们的生活带来更多的乐趣和惊喜。

总的来说，《口袋妖怪GO》作为最具代表性的AR游戏之一，以其独特的游戏设计和深刻的社会洞察赢得了全球数亿玩家的喜爱和追捧。它不仅为玩家带来了前所未有的游戏体验，也为整个游戏产业树立了新的标杆和榜样。

VR和AR技术的应用不仅丰富了游戏的内容和形式，还为游戏产业带来了新的发展机遇。随着技术的不断进步和创新，我们有理由相信，未来的游戏将会更加精彩和引人入胜。

6.2.2 教育领域

VR和AR技术在教育领域的应用也越来越受到关注。通过VR技术，教师可以为学生创建逼真的虚拟场景，让学生在安全、可控的环境中进行实践操作。例如，在医学教育中，学生可以利用VR技术进行模拟手术操作，了解人体结构，提高实际操作技能。这种实践操作不仅提高了学生的学习效果，还为医学教育带来了革命性的变革。

  此外，VR技术还可以应用于历史、地理、艺术等学科的教学。通过VR技术，学生可以身临其境地参观历史遗址、了解地理环境和欣赏艺术作品。这种沉浸式的学习体验让学生更加直观地理解抽象概念，提高了学习效果和兴趣。

  在历史学科中，VR技术的应用为学生们打开了一扇通往过去的时光之门。想象一下，学生们戴上VR头显，仿佛穿越时空回到了古代。他们可以目睹古罗马斗兽场的雄伟壮观，感受古希腊雅典卫城的庄严肃穆，甚至参与到历史事件中，与历史人物互动。这样的学习体验无疑比传统的课本和图片更加生动、真实，让学生们对历史事件和人物产生更深刻的理解。

  在地理学科方面，VR技术同样展现出其强大的教学优势。通过VR技术，学生们可以飞越崇山峻岭，俯瞰广袤的大地，探索地球各个角落的奥秘。他们可以亲身感受亚马逊雨林的热带雨林气候，观察撒哈拉沙漠的广袤无垠，甚至潜入马里亚纳海沟的最深处。这种沉浸式的地理学习不仅让学生们对地理环境有了更直观的认识，还能激发他们对探索未知世界的渴望。

  在艺术领域，VR技术为学生们提供了一种全新的欣赏艺术作品的方式。传统的艺术欣赏往往受到时间、空间和作品保存状况的限制，而VR技术则打破了这些束缚。学生们可以通过VR技术，置身于卢浮宫的艺术殿堂中，与《蒙娜丽莎》近距离对视，感受达·芬奇的绘画魅力；他们还可以漫步在梵蒂冈博物馆的走廊里，领略米开朗琪罗的雕塑的雄浑壮美。这种沉浸式的艺术学习能够让学生们更加深入地理解艺术作品的内涵和美感，培养他们的审美能力和创造力。

  通过AR技术，学生可以在现实世界中观察到虚拟的三维模型和动画，从而更加直观地理解抽象概念。例如，在科学教育中，学生可以通过AR应用观察化学分子结构和物理运动规律，提高学习效果和兴趣。此外，AR技术还可以用于辅助语言学习、数学教学等多个方面，为教育领域带来了更多的创新可能性。

总之，VR技术的应用为学科教学带来了无限的可能性。它通过提供沉浸式的学习体验，让学生们更加直观地理解抽象概念，提高了学习效果和兴趣。随着技术的不断进步和教育理念的更新，我们有理由相信，VR技术将在未来的教育领域发挥更加重要的作用，为培养创新型人才和推动教育现代化做出更大的贡献。

6.2.3 设计领域

VR和AR技术在设计领域的应用同样具有广泛的潜力。建筑师和设计师可以利用VR技术创建逼真的三维模型，帮助客户在建筑或产品完成之前就能预览效果。这种沉浸式体验使客户能够更加直观地了解设计方案，提出修改意见和建议。同时，VR技术还可以用于室内设计和景观规划等领域，提高设计效率和质量。通过VR技术，设计师可以更加直观地展示设计方案，与客户进行实时沟通，从而加快设计进程并提高客户满意度。

在建筑设计中，VR技术的运用已经变得日益普遍。以往，建筑师只能通过二维图纸和模型来向客户展示设计方案，这种方式往往难以让客户充分感受建筑的立体效果和空间感。然而，借助VR技术，建筑师现在可以创建出逼真的三维建筑模型，让客户仿佛置身于未来的建筑之中。客户可以自由地穿梭于各个房间，感受空间的大小、高度和布局，甚至可以在虚拟的环境中打开窗户、调整灯光，以体验不同时间和天气下的建筑效果。这种沉浸式的体验不仅使客户能够更加直观地了解设计方案，还能让他们在项目早期就提出宝贵的修改意见和建议，从而避免后期可能出现的问题和纠纷。

除了建筑设计之外，VR技术也在室内设计和景观规划等领域大放异彩。在室内设计中，设计师可以利用VR技术创建出虚拟的室内环境，让客户在装修前就能预览到不同风格、不同色彩和不同家具摆放位置的效果。客户可以在虚拟的空间中自由漫步，尝试不同的设计方案，直到找到最满意的装修效果。这种方式不仅提高了设计效率和质量，还大大提升了客户的满意度和参与度。

在景观规划中，VR技术同样展现出了其强大的潜力。传统的景观规划往往依赖于二维图纸和效果图来展示设计方案，但这种方式很难让客户全面理解景观的空间布局和视觉效果。通过VR技术，设计师可以创建出虚拟的景观环境，让客户身临其境地感受未来的公园、花园或城市广场。客户可以在虚拟的景观中漫步、观赏不同角度的景色，甚至体验四季变化和天气变化对景观的影响。这种沉浸式的体验不仅使客户更加直观地了解设计方案，还能帮助设计师更好地把握客户的需求和期望，从而打造出更加符合人们期望的公共空间。

值得一提的是，AR技术也为设计领域带来了革命性的变革。与VR技术不同，AR技术能够将虚拟信息叠加到真实世界中，使得用户可以在现实环境中看到虚拟的设计元素。这种技术为设计师提供了一个全新的展示平台，使他们能够在现实世界中展示设计方案，并与客户进行实时沟通。通过AR技术，设计师可以将虚拟的家具、装饰品或建筑元素放置到真实的房间或场地中，让客户看到设计方案在实际环境中的效果。这种实时的展示方式不仅加快了设计进程，还提高了客户对设计方案的认可度和满意度。

  综上所述，VR和AR技术在设计领域的应用具有广泛的潜力。它们为建筑师、设计师和客户之间搭建了一个全新的沟通平台，使得设计方案能够以更加直观、逼真的方式呈现给世人。随着技术的不断进步和应用领域的不断拓展，我们有理由相信，VR和AR技术将在未来的设计领域中发挥更加重要的作用，为人们创造出更加美好、宜居的生活环境。

6.3 VR和AR技术的发展前景

随着科技的飞速发展，虚拟现实（VR）和增强现实（AR）技术逐渐崭露头角，成为引领未来科技潮流的重要方向。这两种技术以其独特的沉浸式体验和交互性，在游戏、教育、医疗、设计等众多领域展现出巨大的应用潜力。本节将从硬件设备、无线技术、交互方式、社交互动、企业和行业应用、跨界融合、法律和道德挑战等方面，深入探讨VR和AR技术的未来发展趋势。

6.3.1 硬件设备的提升

在VR和AR技术的发展历程中，硬件设备的进步一直是推动其向前发展的关键动力。随着显示技术、传感器技术和计算能力的不断突破，未来的VR和AR设备将为我们带来更加震撼的体验。

首先，在显示技术方面，头戴式显示器的分辨率将实现质的飞跃。想象一下，当显示器的分辨率高达数万像素甚至更高时，虚拟世界的画面将变得细腻无比，几乎可以与真实世界媲美。在这样的视觉体验下，用户将难以分辨虚拟与现实的界限，完全沉浸在虚拟世界的每一个角落。

其次，传感器技术的进步将使得VR和AR设备的跟踪能力更加精准。无论是头部运动、手势操作还是身体姿态，设备都能够实时、准确地捕捉并反馈到虚拟世界中。这种精准的跟踪不仅提高了用户操作的灵活性，还让虚拟世界与现实世界的互动更加自然流畅。

再次，计算能力的提升也为VR和AR设备带来了更低的延迟。延迟是影响沉浸式体验的重要因素之一，它会让用户感到虚拟世界与现实世界之间的脱节。随着处理器和图形处理单元（GPU）的不断升级，未来的VR和AR设备将实现毫秒级的响应速度，让用户几乎感觉不到任何延迟，从而更加深入地沉浸在虚拟世界中。

除了技术上的突破，未来的VR和AR设备还将更加注重人体工程学设计。毕竟，无论技术多么先进，如果设备佩戴不舒适或使用不便，那么再好的体验也会大打折扣。因此，未来的设备将更加注重佩戴的舒适性、重量分布的合理性以及操作的便捷性。例如，针对近视用户，设备可能会提供可调节的镜片或适配不同度数的镜片设计；对于老年人，设备可能会采用更大的按键、更简洁的操作界面以及语音控制等辅助功能，以确保他们能够轻松上手并享受沉浸式的体验。

6.3.2　无线技术的发展

数据传输的速度和稳定性，直接关系到VR和AR设备的性能表现。想象一下，当我们置身于一个虚拟的环境中，无论是探索未知的星球、参与激烈的战斗，还是与远方的朋友进行互动，都需要设备能够实时、准确地传输大量的数据。任何一丝的延迟或卡顿，都可能打破这种沉浸感，将用户从虚拟的世界中拉回到现实。

幸运的是，随着5G网络和Wi-Fi 6等无线技术的日益成熟和普及，VR和AR设备的数据传输能力正迎来前所未有的提升。5G网络以其超高的传输速度和低延迟的特性，为VR和AR设备提供了强大的支持。它能够在瞬间传输大量的数据，使设备能够实时响应用户的操作，呈现出更加真实、细腻的虚拟场景。而Wi-Fi 6技术则通过优化网络连接，减少了设备之间的干扰，提高了数据传输的稳定性和效率。

这些无线技术的进步，不仅大大减少了VR和AR设备之间的延迟和卡顿现象，更使用户体验的流畅度和稳定性达到了前所未有的高度。用户可以在虚拟的世界中自由穿梭，与各种虚拟对象进行互动，而无须担心因数据传输问题而导致的体验中断。

除此之外，无线技术的发展还为VR和AR设备之间的协同工作提供了更加便捷的途径。在传统的有线连接方式下，设备之间的协作往往受到线缆长度和连接稳定性的限制。而无线技术则打破了这些束缚，使多个设备可以无缝地连接在一起，共同为用户呈现出一个更加广阔、更加丰富的虚拟世界。

这种设备间的协同工作，不仅提高了用户体验的多样性，更为多人在线交互和协作提供了可能。无论是在教育、医疗、娱乐还是商业领域，人们都可以通过VR和AR技术，跨越地域的限制，共同参与到同一个虚拟场景中。这种全新的交互方式，不仅将改变人们的工作和生活方式，更将推动整个社会向更加数字化、智能化的方向发展。

6.3.3 交互方式的创新

在VR和AR技术迅速发展的今天，人们对于这两种技术的期待不仅仅停留在视觉上的震撼，更追求操作上的便捷与交互上的自然。目前的VR和AR设备，尽管已经带给我们前所未有的沉浸式体验，但在交互方式上仍然存在一定的局限性，如手柄操作的烦琐、触摸屏的不便等。为了打破这些束缚，未来的VR和AR技术正积极探索更加自然、更加直观的交互手段。

手势识别技术是这些创新手段中的佼佼者。想象一下，在未来的VR游戏中，你不再需要手持笨重的控制器，只需轻轻一挥手臂，就能操控虚拟世界中的物体。这种交互方式不仅使操作变得简单直观，还能让用户更加自然地融入虚拟环境。比如，在虚拟的家居设计应用中，设计师可以通过手势来移动家具、调整灯光，甚至绘制墙壁上的图案，一切都如同在真实世界中一样自然流畅。

眼球追踪技术则为VR和AR交互带来另一维度的革新。这项技术能够实时捕捉用户的视线，从而判断出用户当前关注的焦点。在未来的VR教育中，这种技术可以使得教育内容根据用户的视线动态调整展示方式，提高学习效率。例如，在虚拟的历史博物馆中，当用户将视线投向某个展品时，系统可以立即显示该展品的详细信息和三维模型，让用户能够更加深入地了解历史文物的内涵。

语音识别技术也为VR和AR的交互方式带来了革命性的变化。通过语音指令，用户可以轻松地控制设备，无须再进行复杂的物理操作。这种交互方式特别适合在虚拟环境中进行远距离操作或快速切换场景。比如，在虚拟的旅游应用中，用户只需说出想要前往的景点名称，系统就能立即将用户带往目的地，省去了烦琐的导航和搜索过程。

这些创新的交互方式不仅提高了VR和AR设备的操作便捷性，更重要的是它们使得用户能够更加自然地融入虚拟世界。在这种自然的交互中，用户的沉浸感和体验质量都得到了极大的提升。未来，随着技术的不断进步和创新应用的不断涌现，我们有理由相信VR和AR将为我们打开一个更加精彩、更加真实的虚拟世界。

6.3.4 重塑社交互动的新天地

在当今这个数字化高速发展的时代，VR和AR技术正以其独特的魅力，逐渐改变着我们的社交方式。它们不仅为用户提供了前所未有的沉浸式体验，更为社交互动开辟了一片全新的疆域。

想象一下，你戴上一副VR眼镜，瞬间被带入一个五彩斑斓的虚拟世界。在这个世界里，你可以随意变换自己的身份和形象，成为一个勇敢的探险家、一个优雅的舞者，甚至是一个未来世界的超级英雄。而你身边的每一个人，也都是以他们选择的全新形象出现。你们可以一起探索未知的虚拟领域，共同经历惊心动魄的冒险，或者在虚拟的舞池中尽情舞动。

这种社交方式彻底打破了地域和时间的限制。无论你的朋友身处世界的哪个角落，只要他们也拥有相应的VR设备，你们就可以随时随地相聚在虚拟世界中。你可以与远方的朋友一起欣赏虚拟音乐会，感受音符在耳边跳跃的激情；你可以与家人在虚拟的客厅里观看电影，享受家庭的温馨时光；你甚至可以与同事在虚拟的会议室中召开线上会议，共同讨论工作进展和未来规划。

除了这些基本的社交活动外，虚拟世界中的社交互动还拥有无限的可能性。你可以参加虚拟的社交派对，与来自世界各地的爱好者交流心得；你可以参观虚拟的艺术展览，与艺术家们探讨艺术的魅力；你甚至可以在虚拟的世界中创办自己的企业，与合作伙伴共同打造商业帝国。

与传统的社交方式相比，VR和AR技术带来的社交体验更加真实、深入和多元。在虚拟世界中，你可以更加自由地表达自己，无须担心现实世界的种种束缚。你可以尝试不同的角色和身份，探索自己内心深处的欲望和梦想。同时，你也可以更加深入地了解他人，与他们建立更加紧密的联系。

当然，VR和AR技术带来的社交互动也存在一些挑战和问题。例如，如何保证虚拟世界中的社交活动的安全性和隐私性，如何避免虚拟世界中的欺诈和不良行为，这些问题需要我们在享受技术带来的便利的同时，也要思考如何建立更加健康、和谐的虚拟社交环境。

6.3.5 企业和行业应用的拓展

随着技术不断成熟和成本的逐渐降低，众多企业纷纷开始探索如何将VR和AR技术融入自身的产品研发、生产流程优化以及市场营销等环节中，以期获得更大的竞争优势和商业价值。

在产品研发方面，VR和AR技术为企业带来了革命性的变革。传统的产品研发过程往往受限于物理原型和实验环境，而VR和AR技术则能够打破这些束缚，让设计师和工程师在虚拟环境中进行无限的创新尝试。例如，汽车行业中的设计师可以利用VR技术，在虚拟空间中构建出全新的汽车模型，并通过模拟驾驶体验来优化车辆的设计。这种基于虚拟原型的设计方法不仅大大缩短了产品开发的周期，还降低了开发成本，提高了设计质量。

在生产流程优化方面，AR技术展现出巨大的潜力。传统的生产线维护和故障排除往往依赖于经验丰富的工程师进行现场操作，但AR技术的引入改变了这一局面。通过佩戴AR眼镜，工程师可以获得实时的设备信息和维修指导，从而快速准确地定位问题并进行修复。这不仅提高了工作效率，还降低了人为错误的可能性，确保了生产线的稳定运行。

在市场营销领域，VR和AR技术更是成为企业吸引消费者的新手段。传统的市场营销方式往往受限于平面广告、视频和实物展示，而VR和AR技术则能够为消费者带来沉浸式的购物体验。例如，家居零售商可以利用VR技术构建出虚拟的家居展示空间，让消费者在购物前就能够亲身体验到不同家居搭配的效果。这种个性化的购物体验不仅提高了消费者的购买意愿，还增强了品牌与消费者之间的互动和黏性。

除了上述应用外，VR和AR技术在医疗、教育、娱乐等多个行业也展现出了巨大的应用潜力。在医疗领域，医生可以利用VR技术进行远程手术指导或模拟手术训练，提高医疗水平和降低手术风险；在教育领域，教师可以通过AR技术为学生创造出身临其境的学习环境，提高教学效果和学生的学习兴趣；在娱乐领域，VR游戏和AR互动体验已经成为新的娱乐潮流，为玩家带来了前所未有的沉浸感和互动乐趣。

6.3.6　跨界融合的机遇与挑战

随着科技的飞速发展，VR和AR技术正逐渐渗透到我们生活的方方面面。它们不仅在游戏、娱乐等领域大放异彩，更在与其他领域的深度跨界融合中展现出无限的可能性。这种融合不仅为新技术的发展提供了强大的动力，更为人们的生活带来了前所未有的便利和创新。

想象一下，当VR和AR技术与人工智能（AI）相遇，会擦出怎样的火花？通过结合AI技术，VR和AR可以实现更加智能化的场景识别和物体识别。例如，在未来的购物体验中，AR技术可以让我们在虚拟试衣间里试穿各种服装，而AI算法则能根据我们的身材和喜好，为我们推荐最合适的款式和搭配。这种个性化的购物体验不仅节省了我们的时间，更让我们在享受科技带来的便利的同时，感受到了定制化的服务。

再比如，在旅游领域，VR技术可以让我们足不出户就游览世界各地的名胜古迹，而AI导游则能为我们提供详细的解说和导览服务。这种结合不仅让我们随时随地都能开启一段精彩的旅程，还能让我们在旅途中获得更加丰富的知识和体验。

当VR和AR技术遇上大数据分析技术时，又会产生怎样的化学反应呢？大数据分析技术能够深入挖掘用户的行为和喜好，为VR和AR提供更加个性化和精准的推荐和服务。例如，在教育领域，通过分析学生的学习习惯和能力水平，VR和AR技术可以为学生量身定制个性化的学习计划和学习场景，让每个学生都能在最适合自己的环境中获得最佳的学习效果。

此外，在医疗领域，VR和AR技术结合大数据分析，可以帮助医生更加准确地诊断疾病和制定治疗方案。通过对大量病例数据的分析和挖掘，医生可以更加深入地了解疾病的发病机制和治疗方法，从而为患者提供更加精准和个性化的医疗服务。

而当VR和AR技术与物联网（IoT）技术相结合时，则可以实现更加智能和自动化的生活场景。例如，在智能家居领域，通过AR技术，我们可以实时查看家中的各种设备状态，并通过语音或手势控制这些设备。而IoT技术则能将这些设备连接成一个整体，实现设备间的互联互通和智能协同。这种结合不仅让我们的生活更加便捷和舒适，还让我们的家居环境变得更加智能化和人性化。

虽然跨界融合为VR和AR技术的发展带来了无限的可能性，但也面临着一定的挑战。不同领域的技术标准和数据格式可能存在差异，需要统一的标准和协议来实现无缝连接。同时，跨界融合也需要跨行业的合作和协同创新，以打破行业壁垒和推动新技术的广泛应用。只有克服了这些挑战，VR和AR技术才能在跨界融合的道路上走得更远更稳。

6.3.7　法律和道德方面的挑战与应对

随着科技的飞速发展，VR和AR技术已逐渐融入我们的日常生活，为娱乐、教育、医疗等多个领域带来了革命性的变革。然而，正如任何新技术的广泛应用所面临的问题一样，VR和AR技术的普及也伴随着一系列法律和道德方面的挑战。这些挑战不仅关乎个人隐私和安全，更涉及内容规范、沉迷与成瘾等社会问题。因此，政府、企业和社会各界必须共同面对和解决这些问题，以确保VR和AR技术的健康、可持续发展。

首先，保护用户在虚拟世界中的隐私和安全是VR和AR技术发展中的首要任务。由于VR和AR技术能够深度介入用户的感官体验，收集大量个人数据，因此用户的隐私泄露风险也随之增加。例如，在虚拟社交场景中，用户的言行举止、情绪状态都可能无形中被记录和分析。这就需要政府出台严格的隐私保护法律，明确企业在收集、存储和使用用户数据时的责任和义务。

同时，企业也应加强自律，采用先进的加密技术来保护用户数据，避免数据泄露和滥用。

其次，确保虚拟世界中的内容不违反法律和道德规定也是亟待解决的问题。VR和AR技术的沉浸式体验让用户能够身临其境地参与到虚拟世界中，但这也为不良内容的传播提供了便利。例如，一些暴力、色情或恶意的虚拟内容可能会对用户造成心理伤害，甚至诱导犯罪。因此，政府需要建立内容审核机制，对虚拟世界中的内容进行严格监管，确保其内容健康、合法。同时，企业作为内容提供方也应承担起社会责任，加强内容审核和自律管理，防止不良内容的传播。

再次，防止虚拟现实成为沉迷和成瘾的来源是另一个需要关注的问题。由于VR和AR技术提供的沉浸式体验过于真实和吸引人，一些用户可能会过度依赖并沉迷于虚拟世界中。这不仅会影响用户的身心健康，还可能导致社会功能的退化。因此，政府需要加强对VR和AR技术的宣传教育，提高公众对其潜在风险的认识和理性使用意识。同时，企业也应开发防沉迷系统，限制用户的使用时间和频率，帮助用户建立良好的使用习惯。

面对VR和AR技术发展中的法律和道德挑战，政府、企业和社会各界必须携手合作，共同推动技术的健康、可持续发展。政府应制定完善的法律法规和政策体系来规范技术的发展和应用；企业应加强自律和监管，确保产品和服务符合法律和道德标准；社会各界则应积极参与宣传教育和监督工作，共同营造一个健康、和谐的虚拟世界环境。只有这样，我们才能充分发挥VR和AR技术的潜力，为人类的未来创造更多的价值。

第七章

人工智能与创意产业

7.1 人工智能在创意产业中的应用

随着人类逐渐步入全新的人工智能纪元，技术的持续革新已深刻影响到数字经济的多个维度，包括创作、运营及传播等，进而提升了内容生产的效率与文化传播的创新性。这一变革不仅为数字创意产业带来了前所未有的机遇，也带来了挑战。人工智能现已能够实现艺术作品的批量生产，同时，内容创作者能根据个人风格按需定制创意产品，为用户和艺术家之间搭建起更具互动性和体验性的桥梁。用户现在可以在原有作品的基础上，借助人工智能技术，积极参与到创作过程中。

此外，人工智能技术的特性（如类智性、人工性和交互性）与文化内容的创造性、文化性和审美性紧密相连。卷积神经网络与循环神经网络的开源，使得图像、视频、文学、音乐等文化产品的制作流程更加便捷。这些技术已被众多知名企业［如Amazon（亚马逊）、Netflix（奈飞）、YouTube（优兔）、Artfinder（艺术发现）等］广泛应用。人工智能与数字化的结合，通过产业融合和跨界合作，优化了文化产业的产业链。同时，文化产业也积极与技术融合，为内容生产注入新活力，数字创意产业正是实现这一愿景的关键领域，展现出产品服务的精准化、科学技术的人性化以及文化生产的科学化等特点。

近年来，人工智能在学术界引起了广泛关注。然而，目前国内的研究主要集中在人工智能的技术原理和伦理风险上，关于数字创意产业与人工智能融合发展的系统研究仍显不足。有学者（如李凤亮和宗祖盼）提出了五种融合模式，包括业态创新、跨界聚合、内容活化、技术嫁接和协同创新，深入探讨了文化内容与现代科技的关系以及文化产业链重构的现实需求。[1]解学芳则从耦合创新、平台创新、人机协同等角度分析了人工智能与文化创意产业的深度融合，并强调了文化科技伦理边界的重要性，明确了各相关方的道德责任。[2]刘雪梅与杨晨熙则探讨了人工智能在新媒体传播中的应用，特别是在内容制作、审核、分发和数据反馈等方面的应用。[3]

尽管众多学者从文化学、艺术学等角度对人工智能与文化产业的关系进行了深入探讨，但结合实际案例的人工智能在文化产业中的应用研究仍显薄弱，对融合路径和发展机理的实证性研究和实质性探讨还有待加强。

作为文化产业的核心组成部分，数字创意产业在数字经济浪潮下正经历巨大变革。数字技术为其提供了创新方向，推动了产业的升级和发展。数字创意产业涵盖数字艺术、数字游戏、数字音乐、数字影视等多个领域，为人工智能技术的应用提供了广阔空间。例如，在数字音乐领域，人工智能可助力音乐制作、合成和创作；在数字游戏领域，可应用于场景生成、AI开发和玩家行为分析等方面；在数字影视领域，则可应用于内容创作、特效制作和后期制作等环节。

---

[1] 李凤亮，宗祖盼.文化与科技融合创新：模式与类型[J].山东大学学报（哲学社会科学版），2016(1)：34—42.

[2] 解学芳.人工智能时代的文化创意产业智能化创新：范式与边界[J].同济大学学报（社会科学版），2019(1)：42—51.

[3] 刘雪梅，杨晨熙.人工智能在新媒体传播中的应用趋势[J].当代传播，2017(5)：83—86.

7.1.1 推动艺术创作，重塑内容生产

数字艺术作为数字创意产业的核心组成部分，正受益于数字技术的持续进步，展现出前所未有的创作与展示潜力。人工智能与内容生产的深度融合，不仅丰富了文化内容的呈现形式，更催生了新的文化创新。在数字艺术领域，人工智能的应用已渗透到图像生成与处理的各个环节，如风格转换、图像生成及修复等，其中深度学习技术尤为引人注目。[1]

以谷歌公司的Deep Dream（深梦）为例，该技术能将普通图像转化为充满幻想与幻觉的视觉艺术品，为艺术家提供了将平凡图像转化为富含想象力与艺术感染力的创作工具。此外，人工智能还在数字艺术展览的场景生成及艺术品的自动生成等方面大显身手，为数字艺术的创新与发展开辟了新思路。[2]

自2016年起，人工智能在艺术创作领域的尝试不断涌现。科斯腾团队与微软、德尔夫特科技大学等多家机构合作开发了一款能分析伦勃朗艺术作品风格的AI软件。该软件运用深度学习算法与面部识别技术，成功创作出了看似17世纪风格的三维印刷画《下一个伦勃朗》（如第171页图）。这款软件深入学习了346件伦勃朗的作品，精准分析了其独特的艺术风格与技术特征。

---

[1] Ha D, Eck D. A Neural Representation of Sketch Drawings ［EB/OL］．（2017-05-16）［2020-12-05］．https://openreview.net/forum?id=Hy6GHpkCW．
[2] Zakharov E, Shysheya A, Burkov E, etal. Few-shot Adversarial Learning of Realistic Neural Talking Head Models. [EB/OL]．（2019-05-20）［2020-12-05］．https://arxiv.org/abs/1905.08233．

三维印刷画《下一个伦勃朗》

Deep Art（深度艺术）网站则是另一个典型案例，该平台利用卷积神经网络的特征映射功能，能够精准提取并分析选定艺术家的独特风格与流派。该技术训练智能机器以类似人类神经网络的方式分析与绘制抽象概念，从而基于现有数据库自动创建新的数字图像与艺术形式，如卡通头像、室内空间展示、广告海报等。应用程序能根据输入内容进行风格解析与转换，同时保持原始图像的语义内容。

随着几十年的发展，人工智能已广泛应用于网络文学、图文内容、新闻传媒、电影制作等领域，为内容创作带来了全新的发展机遇。三星人工智能团队利用生成对抗系统（GANs）将静态人像图像转化为视频模式，使静态的蒙娜丽莎肖像能与用户进行对话。微软亚洲研究院开发的人工智能程序"小冰"在学习了519位中国现代诗人的作品后，成功出版了诗集《阳光失了玻璃窗》。在网络文学领域，人工智能写作程序能定义多种主题，从现有数据库中选择并调用模板输出匹配内容，模仿人类的写作行为与运行机制，逐渐形成自动化写作流程。新闻传媒领域也实现了新闻自动化创作，如美联社用AI软件编辑发布企业财务报告、腾讯自动写作程序创作不同主题的新闻快讯等。

在数字影视领域，人工智能的应用主要集中在内容创作、特效制作与后期制作等方面。例如，人工智能可以自动生成影视特效，降低制作成本与时间成本，并提供多样化、高质量的特效效果。同时，人工智能还能应用于场景剪辑、音频处理与字幕生成等后期制作环节，提高制作效率与质量。此外，人工智能还能为用户提供更个性化的影视推荐服务。IBM的Waston系统就是一个典型案例，它创作了恐怖电影《摩根》的预告片，这是全球首部由人工智能技术剪辑而成的预告片。该系统通过学习100多部恐怖电影，掌握了规范的电影创作模式。同样令人瞩目的是科幻微电影《阳春》的剧本与背景音乐，均由名为"本杰明"的人工智能机器创作而成。该机器在学习了上千部科幻电影与300万首流行乐曲后，展现出了惊人的创作能力。续集《它不是游戏》中的电影对白也是本杰明通过智能算法与人类合作完成的成果之一。这些案例充分展示了人工智能在深度学习、语音识别、图像处理与文本分析等领域的技术已广泛应用于文化内容的创作过程，并在一定程度上实现了独立艺术创作的能力。然而，这一过程的实现仍然依赖于大量的文本数据支撑。

7.1.2 优化文化内容，提升用户体验

人工智能技术在内容优化与后期编辑方面的卓越表现，已成为提升产品用户体验的关键因素。通过与数字游戏、音乐制作、创意设计等领域的深度融合，人工智能使受众能更加沉浸地参与文化消费与产品体验，有效拓展了文化产品的表现形式。

以数字游戏为例，人工智能技术在其中的应用主要体现在游戏AI开发与玩家行为分析上。比如，AlphaGo这一利用人工智能开发的围棋游戏AI，其与顶尖棋手的对弈佳绩，不仅彰显了人工智能在游戏AI领域的强大实力，也为游戏开发者带来了新的灵感与方向。此外，人工智能还助力游戏场景的自动生成，为游戏的趣味性和挑战性注入更多活力。想象一下，当游戏地图能因不同玩家的体验而实时变化，游戏的互动性和吸引力无疑将大增。同时，通过对玩家行为的深入分析，开发者能更精准地把握玩家的喜好与习惯，从而优化游戏设计，提升整体游戏体验。

在游戏领域，NVIDIA公司与多所大学及研究机构合作推出的GameGAN模型便是人工智能与内容创作完美结合的典范。这一基于生成对抗网络的模型能模拟电脑游戏引擎，通过两个神经网络的竞争学习，全新的游戏内容应运而生。为庆祝经典游戏《吃豆人》诞生40周年，研究团队运用大量玩家视频对GameGAN进行训练，成功打造出功能更完备的《吃豆人》游戏。该模型不仅能自动生成游戏布局，还能利用视觉学习优化游戏环境。值得一提的是，GameGAN使游戏规则不再受限于程序代码和传统游戏引擎，玩家可根据自身意愿创造游戏情节，这种实时生成的故事情节极大提升了游戏的交互体验。结合3D可视化、增强现实和虚拟现实等技术，玩家能享受到更加真实和

沉浸的游戏世界。

在数字音乐方面，人工智能同样大放异彩。其在音乐制作、合成与创作等环节的应用，正重塑着我们的音乐体验。声音设计与后期制作已广泛融入电影、游戏、戏剧等多个领域，涵盖题材选择、内容生成、后期编曲、声音合成等创作与编辑全过程。谷歌推出的NSynth Super合成器便是机器学习技术在音乐制作领域的杰出代表。这款由DeepMind和Google Brain（谷歌电脑）共同研发的合成器能基于深度神经网络系统的机器学习算法分析音乐特性，为音乐家提供无尽的创作灵感。通过自由组合不同乐器与控件，创作者能轻松调整音符数量，优化音乐作品。此外，OpenAI发布的Jukebox音乐生成系统和索尼推出的Flow Machines音乐制作服务也进一步证明了人工智能在音乐创作与定制方面的无限可能。

人工智能技术的出现正深刻改变着传统业态形式与文化产品内容的创作方式。通过智能算法与深度学习的应用，我们不仅能更高效地生成与优化文化内容，还能为用户提供更加个性化与沉浸式的体验。这无疑为数字创意产业的发展注入了新的活力与机遇。

7.1.3 数据驱动创新，重塑产业结构

人工智能正以前所未有的方式重塑产业格局，其中一项关键技术便是通过先进算法来收集、整合并深度分析数据的推荐系统。当我们在平台上搜索音乐或电影时，这些系统会根据我们的行为模式精准解读我们的偏好，进而为我们呈现特定主题、风格或流派的内容，从而大幅提升了产品营销和内容传播的转化率。

以社交媒体为例，这些平台通过收集帖子、评论、图片、转发等非结构化信息，构建了庞大的后台数据库。通过对这些内容的背景、情感和意图等数据进行深度挖掘，平台能够实时追踪热点话题，并进一步洞察用户的喜好。Facebook（脸书）等巨头便是利用这种数据驱动的策略，一方面根据用户的搜索、订阅等行为描绘出精细的兴趣图谱，对推文内容进行个性化分析；另一方面，则依托这些数据持续优化界面设计，提升用户体验，并实现更精准的广告投放和内容分发。在2016年美国总统大选期间，推特上与选举相关的推文数量超过了10亿条，而其数据分析的选举预测结果甚至比传统媒体的民意调查更为准确。这足以证明，在技术和应用的双重驱动下，社交媒体平台的数据分析能力已成为企业洞察用户偏好、搜索习惯和兴趣领域的重要工具，为内容分发和产品营销提供了精准的目标受众定位。

Netflix（奈飞）则是另一个通过大数据实现产业创新的典范。这家最初以DVD邮寄业务起家的公司，如今已发展成为全球领先的流媒体服务平台，彻底颠覆了传统电视影音行业的运营模式。Netflix成功的秘诀在于其基于用户喜好的数据收集和智能化推荐系统。其员工为每部电影和作品贴上细致的标签，以区分类型、基调和风格，并对内容进行精准描述。这种精细化的内容拆解和标注策略，使得Netflix能够为用户提供高度个性化的推荐体验。以《纸牌屋》为例，这部作品的成功在很大程度上归功于受众数据分析的精准导向。从前期筹备、剧本选择到后期宣传，Netflix都紧密围绕目标受众的喜好进行量身打造，确保不同观众都能看到符合自己口味的定制化宣传内容。这种以数据为核心的运营策略，使Netflix能够在竞争激烈的影音市场中脱颖而出，实现了良好的产业生态和收益闭环。

随着数据分析在数字创意产业中的广泛应用，掌握数据的平台在产业链中占据了显著优势。人们的数字行为日益受到算法系统的影响，而人工智能在提高信息获取和内容分发的效率方面的作用也日益凸显。这使得智能算法在长尾效应上展现出巨大优势，为新零售、直播电商等领域带来了创新机遇。同时，虚拟偶像、聊天机器人、智能音箱等新型文化产品的涌现，也极大地激发了消费者的购买热情，提升了数字创意产品的市场潜力。

此外，智能穿戴科技等产品的出现引领了沉浸体验式消费的新潮流。实时反馈机制使内容生产者能够更加高效地分析用户心理和情感导向，从而不断完善产品设计和提升用户体验。同时，人工智能也在大幅提高文化产业的盈利能力方面发挥着重要作用。智能媒体与产业的深度融合打破了受众、平台和产品之间的界限，使得算法不仅改变了平台对内容的传播方式，也深刻影响了受众在推荐系统下的内容选择。人工智能正在从根本上重塑内容传播过程和受众行为决策，推动传统文化产业的升级转型和内容创新生态的完善。

综上所述，人工智能技术的崛起正在深刻改变内容分发的方式和渠道，推动文化产品的精准化营销与流通。基于算法系统的用户数据分析已成为文化企业和媒体平台的重要工具，引领着智媒内容分发模式的创新。文化内容的传播正从广泛覆盖转向个性化定制，企业利用数据分析锁定热点信息，确保内容生产的创新性和传播的及时性。随着数字化进程的加速和智媒时代的到来，人工智能与数字创意产业的融合成为必然趋势，将推动艺术与技术、文化与科技的深度融合与发展。这将为传统文化产业带来颠覆性影响，加快数字创意产业在内容生产、商业模式等方面的创新变革步伐。

7.2　AI 驱动的创意生成与评估

7.2.1　AI 驱动的创意生成

在科技的天空中，OpenAI的最新视频生成模型Sora犹如一颗璀璨的新星，以其强大的即时生成能力，再次印证了数据在AI技术突破中的核心地位。这款模型不仅继承了前辈DALL-E3的荣光，更在视频生成这一领域刻下了独特的创新印记。

Sora模型的魅力，源自其强大的数据处理能力。经过海量的训练数据洗礼，Sora仿佛拥有了生命，能够精准地模拟物理世界中的运动，并轻松生成长达60秒的高质量视频。这些视频宛如一部部短片，角色生动、动作特定、背景细腻，可以同时在一个生成的视频中巧妙地切换多个镜头，呈现出丰富的人物性格和视觉风格。

令人瞩目的是，Sora模型在生成视频时，不仅严格遵循用户的文字指令，更能根据现有的静态图像编织出动态的视频，并准确、细致地对图像内容进行动画处理。这一神奇的功能使Sora在视频生成领域独树一帜，也为创意专业人士提供了一把前所未有的魔法钥匙。

然而，正如每个新星都需要经历磨砺，Sora模型也并非完美无缺。OpenAI坦诚地揭示了Sora的局限性，例如在复杂场景中模拟物理现象的困难，以及对具体因果关系的理解障碍。这些问题如同警钟，提醒我们尽管AI技术在飞速发展，但仍然需要更多的数据和算法突破来助其一臂之力。

为了不断完善Sora模型，OpenAI勇敢地开放模型给红队人员（公司外部安全测试人员）进行测试，并热情邀请视觉艺术家、设计师和电影制作人等各路英豪提供宝贵的反馈意见。这一举措仿佛打开了一扇大门，不仅有望提升模型的性能，更为AI技术在创意领域的应用描绘出更加广阔的前景。

自从1956年"人工智能"这个概念被提出以来，它就像是一个不断成长的孩子，经历了三个主要的发展阶段（见下图）。

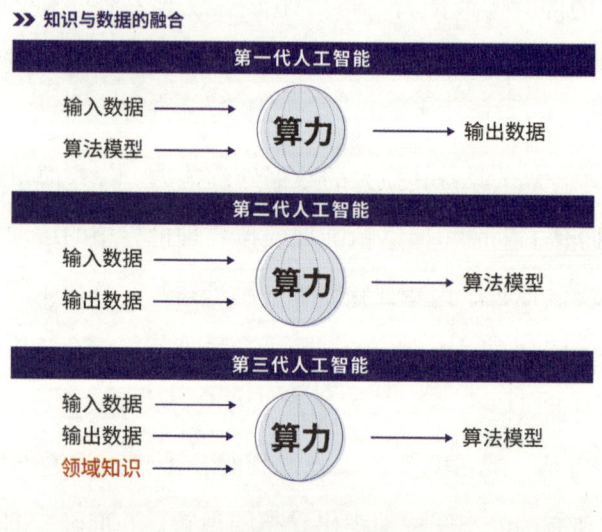

人工智能发展阶段（来源于知乎）

在第一阶段，人工智能主要是靠知识来驱动的。这就像是我们教小孩子基本的规则和常识。虽然这种方法很符合我们人类的逻辑，但它有个大问题：一旦遇到没学过的复杂情况（比如日常对话中的玩笑或双关语），它就不知道该怎么办了。

到了第二阶段，人工智能开始依赖大数据、大模型和大算力来发展。这时候的它，就像是靠大量阅读和学习来积累知识的青少年。比如AlphaGo和ChatGPT，它们通过海量的高质量数据来自我学习。但这样也有个缺点：它们对数据的要求很高，有时候还会被错误的信息误导，而且我们也不太清楚它们是怎么做出决策的。

那么，第三阶段的人工智能会是什么样的呢？我们认为，它应该是知识和数据的双驱动模型。这就像是一个既懂得基本规则又能通过学习来应对新情况的成年人。

在了解人工智能的发展之后，我们再来看看两种重要的方法：模型驱动和数据驱动。

1.模型驱动

模型驱动方法（见下图）就像是我们用一个公式或者模型来描述某个现象。给定一些输入条件，我们就可以通过这个模型得到输出结果。这个过程中的算法可以是确定的，也可以是随机的。但关键是要找到那个能准确描述输入和输出关系的模型。

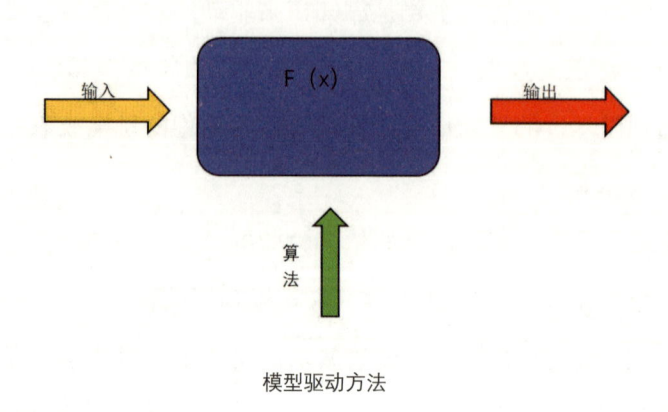

模型驱动方法

模型驱动方法改变数字创意产业的主要方面如下。

（1）3D建模与渲染

在影视制作、游戏开发和建筑设计等领域，3D建模是一项至关重要的技术。传统的3D建模需要耗费大量的时间和人力，但借助模型驱动的人工智能算法，可以自动化地生成高质量的3D模型。这些算法通过分析输入的2D图像或草图，结合预定义的3D模型库和物理规则，能够快速生成逼真的3D场景和角色。这不仅大大提高了工作效率，还降低了制作成本，使小规模的创意团队也能制作出高质量的3D内容。

（2）视频剪辑与特效

在视频制作中，剪辑和特效是提升观众体验的关键环节。模型驱动的人工智能技术可以自动分析视频内容，根据预设的剪辑规则和特效模板，智能地进行视频剪辑和特效处理。这使视频制作人员能够更高效地完成烦琐的剪辑工作，同时还能通过算法生成创意特效，为观众带来更加丰富多彩的视觉体验。

(3)音乐创作与编曲

音乐是数字创意产业中的重要组成部分。模型驱动的人工智能算法可以学习大量的音乐作品，分析音乐的结构、旋律和节奏等要素，然后自动生成新的音乐作品或编曲。这些算法不仅能够模仿现有风格的音乐创作，还能通过结合不同的音乐元素和风格，创造出全新的音乐体验。这为音乐家和创作者提供了更多的灵感来源和创作工具。

(4)个性化推荐系统

在数字媒体和娱乐领域，个性化推荐系统已经成为提高用户黏性和满意度的关键手段。这些系统利用模型驱动的人工智能算法，分析用户的兴趣、偏好和行为数据，然后为用户推荐他们可能感兴趣的内容。这不仅提高了内容的点击率和观看率，还使数字媒体平台能够更精准地满足用户的个性化需求。

2.数据驱动

数据驱动方法（见下图）侧重于利用数据来建立模型。在没有现成模型的情况下，我们可以通过分析大量数据来找出输入和输出之间的关系。现在的大多数人工智能都是靠这种方法来工作的。比如人工神经网络（ANN）、支持向量机（SVM）等机器学习模型，它们都是通过分析历史数据来预测未来的。

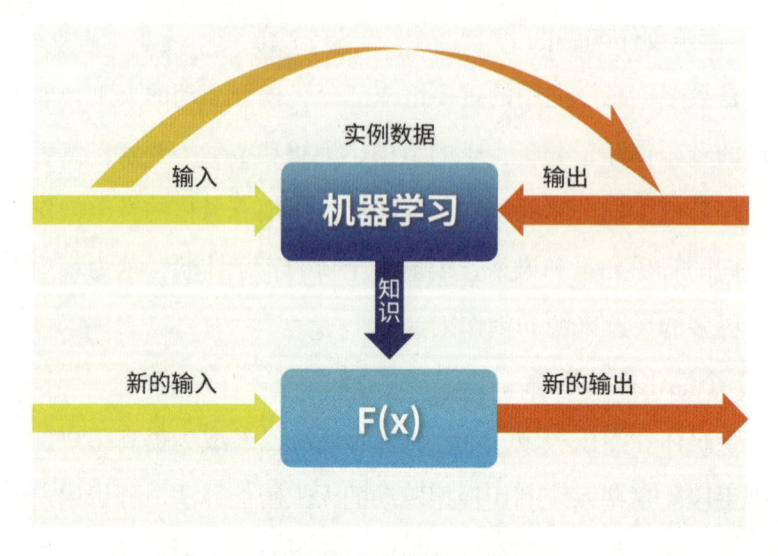

数据驱动方法（来源于知乎）

通过深度学习和大数据分析技术，数据驱动的人工智能能够深入挖掘用户需求和市场趋势，为数字创意产业提供全新的创作和商业模式。

以下是一些具体的例子，展示了数据驱动方法如何改变数字创意产业。

（1）个性化内容推荐

在数字媒体和娱乐领域，数据驱动的人工智能通过分析用户的观看历史、兴趣偏好、社交媒体互动等数据，能够精准地推荐符合用户口味的视频、音乐、书籍等内容。这种个性化推荐不仅提高了用户的满意度和黏性，也为内容创作者提供了更广阔的市场和更精准的受众定位。

（2）内容创作优化

在内容创作方面，数据驱动的人工智能可以分析大量成功的作品和用户反馈数据，提炼出成功的创作元素和模式，为创作者提供创作灵感和优化建议。例如，在剧本创作中，人工智能可以分析成功的电影剧本，提供情节发展、角色塑造等方面的建议，帮助创作者创作出更受欢迎的作品。

（3）市场趋势预测

通过深度学习和大数据分析技术，数据驱动的人工智能能够预测未来的市场趋势和用户需求变化。这种预测能力对于数字创意产业中的产品规划、市场策略等方面具有重要意义。例如，在电影产业中，人工智能可以分析历史票房数据、观众口味变化等因素，预测未来受欢迎的电影类型和元素，为制片方提供决策支持。

（4）动态定价策略

在数字创意产业中，产品的定价策略对于销售和市场表现具有重要影响。数据驱动的人工智能可以根据市场需求、竞争状况和用户行为等因素，动态地调整产品的定价策略，以实现最大化的利润和市场占有率。

7.2.2 AI 驱动的评估

随着人工智能技术的飞速发展，AIGC（人工智能生成内容）应用正站在爆发式增长的前夜。对于AIGC创业者及应用企业而言，掌握科学有效的测评方法和维度，是确保在激烈的市场竞争中选到最适合自身需求的AIGC解决方案的关键。AIGC可从可供性、可用性、可信度、可替代性和可塑性五大维度来进行评估。

1. 可供性

可供性是指AIGC系统在实际应用中能否提供稳定、高效的服务，具体包括以下方面。

① 响应速度：AIGC系统应能快速响应用户的请求，无论是文本生成、

图像处理还是语音交互，都应保证在合理时间内给出反馈。

② 计算资源：评估AIGC系统所需的计算资源是否合理，包括服务器数量、存储容量、网络带宽等，以确保在实际部署时的成本可控。

③ 模型大小：对于需要本地部署的AIGC应用来说，模型的大小直接影响到存储和计算的效率，因此轻量级且性能不减的模型更具优势。

④ 迭代速度：AIGC技术日新月异，系统应能快速适应新技术、新算法，保持与时俱进的能力。

⑤ 多语言支持：随着全球化的加速，支持多种语言的AIGC系统更具市场竞争力。

⑥ 多模态支持：除了文本，图像、语音、视频等多模态内容的处理能力也是评价AIGC系统可供性的重要指标。

2. 可用性

可用性关注的是AIGC生成内容的质量以及用户体验的优劣，主要包括以下方面。

① 相关性：AIGC生成的内容应与用户输入或请求高度相关，避免产生离题或无关的信息。

② 时效性：对于新闻、资讯等时效性要求较高的内容，AIGC系统应能及时生成最新信息。

③ 流畅性：无论是文本、语音还是视频，AIGC生成的内容都应保持自然流畅，避免出现生硬、机械的感觉。

④ 多样性：AIGC系统应具备生成多种风格、多种形式内容的能力，以满足用户多样化的需求。

⑤ 创造性：除了模仿和复制，AIGC还应具备一定的创新能力，能够生

成新颖、有趣的内容。

⑥ 错误识别：AIGC系统应能有效识别并纠正生成内容中的错误，如语法错误、事实错误等。

3. 可信度

可信度是衡量AIGC系统生成内容是否可靠、可信的重要标准，包括以下方面。

① 可解释性：AIGC系统的决策过程应具有一定的透明度，能够让用户理解其为何会生成这样的内容。

② 数据隐私：AIGC系统在处理用户数据时，应严格遵守隐私保护原则，确保用户信息的安全。

③ 内容安全性：生成的内容不应包含恶意代码、病毒等危害用户安全的元素。

④ 偏见和公平性：AIGC系统应尽量避免在生成内容中表现出偏见或歧视，确保对不同用户群体的公平对待。

4. 可替代性

可替代性关注的是AIGC系统在某些特定任务上能否替代人类工作者，以及替代的程度如何，具体包括以下方面。

① 语法准确性：对于文本生成任务来说，AIGC系统应具备高度的语法准确性，能够生成符合语法规范的句子。

② 上下文理解：AIGC系统应能理解并运用上下文信息，生成符合语境的内容。

③ 逻辑推理：在处理复杂任务时，AIGC系统应具备一定的逻辑推理能力，能够得出合理的结论。

④ 实体识别：对于涉及人名、地名等实体的任务，AIGC系统应能准确识别并处理这些实体信息。

⑤ 情感识别：在处理情感倾向明显的任务时，AIGC系统应能准确识别并表达相应的情感。

⑥ 人格模拟：对于需要模拟特定人物风格的任务（如虚拟助手、智能客服等），AIGC系统应能模拟出逼真的人物风格。

5. 可塑性

可塑性主要考察AIGC系统在面对新任务、新领域时的适应能力和扩展性，包括以下方面。

① 用户适用性：AIGC系统应能适应不同背景、不同需求的用户，提供个性化的服务。

② 新任务学习：当面对新的任务或领域时，AIGC系统应能快速学习并适应，无须从零开始训练。

③ 领域知识：对于特定领域的知识和术语，AIGC系统应能准确理解和运用，确保生成内容的专业性。

④ 鲁棒性：在面对噪声、干扰等不利条件时，AIGC系统应保持稳定的性能，不会出现明显的性能下降。

综上所述，通过对可供性、可用性、可信度、可替代性和可塑性的全面评估，我们可以更加科学、准确地选择出最适合数字创意产业需求的AIGC解决方案。随着技术的不断进步和应用场景的不断拓展，我们有理由相信未来的AIGC将会在更多领域发挥巨大的潜力。

7.3 AI 对创意产业的影响与挑战

7.3.1 人工智能重塑内容生产格局

在数字创意产业的宏大舞台上，内容生产始终占据着举足轻重的地位。往昔岁月，人类智慧是这一领域无可争议的主角，然而时至今日，人工智能的崛起正悄然改变着这一格局。人工智能技术的广泛应用，使内容生产的各个环节都经历了翻天覆地的变革，创作流程的简化、生产渠道的多样化以及传播载体的革新，无不昭示着新时代的到来。

人工智能与文化内容的交融，催生了艺术内容在延伸和表现形式上的革新，为人们的审美感知带来了前所未有的冲击。在这一进程中，内容创作的主体不再局限于人类，人工智能、云计算、大数据等先进技术的加盟，使传统文化内容焕发出智能化、创新化、科技化、个性化的崭新风采。

对于数字创意产业的发展而言，内容生产和文化创新是不可或缺的驱动力。因此，数字创意企业和内容生产者必须依托技术与平台的优势，大力推进网络文学、音乐、影视、游戏、动漫等领域的快速发展，同时不断优化创意过程。尽管数据分析、深度学习、图像识别等技术日新月异，但内容生产者应始终牢记：技术服务于平台，内容创新才是数字创意产业发展的基石。

7.3.2 人工智能引领技术应用创新跨越式发展

在当今数字经济高速发展的时代背景下，人工智能已经全面渗透到影视、动漫、音乐、传媒、教育等各个领域。数字创意产业迎来了"文化+科技"的跨界融合新时代。

面对这一趋势，有人或许会问：人工智能是否会沦为文化产业的附庸？我们又该如何定义和衡量它所创造的文化内容和价值呢？事实上，从文化内容传统媒体到互联网移动分发，再到人工智能时代的智能化分发，技术创新始终是文化产业升级迭代的核心驱动力。

目前，人工智能技术与数字创意产业的融合尚处于初级阶段，我们在技术装备领域的发展水平与发达国家仍存在一定差距。因此，我们必须加强政产学研合作，建立多元化技术平台，实现创新资源的有效转化，为国家的科技创新能力的提升提供有力支撑。

7.3.3 人工智能开启业态融合创新新篇章

人工智能技术的迅猛发展，使文化内容与新兴技术的融合不断涌现出新的业态。以深度学习、计算机视觉、自然语言处理等为代表的AI技术，在文化产业中的应用日益广泛。以推荐算法为例，它能够通过全方位分析用户画像，实现文化产品的精准投递和智能分发，从而深刻改变人们的生活方式和消费习惯。

人工智能技术为数字创意产业提供了丰富的生产要素供给，渗透到内容生产、文化传播、平台运营、产品营销、商业互动等多个环节。我们应该继续推动人工智能技术与数字创意产业内容的深度融合，引领数字创意产业在技术层面上的研发投入和内容创作，发掘潜在市场并优化产业链，推动商业模式和业态融合的创新发展。

7.3.4 人工智能带来的挑战和问题

人工智能技术的崛起，为数字创意产业的内容生产、文化传播和消费方式带来了翻天覆地的变革。文化是产业的灵魂，技术是产业腾飞的翅膀。数字技术打破了传统产业的边界束缚，实现了产业间的多维互动与深度融合，催生了大量优秀的文化内容生产。展望未来，文化内容与数字技术的深度融合将是大势所趋，跨界业态融合更是众望所归的发展方向。

然而，在享受人工智能技术为数字创意产业带来的巨大创新和发展成果的同时，我们也必须正视其中所面临的挑战和问题。小型企业和创作者在技术和资源方面的限制、推荐系统算法可能导致的信息过度筛选和偏见、人工智能作品的著作权归属问题等，都需要我们给予高度关注并积极寻求解决之道。因此，在应用人工智能技术的过程中，我们需要加强协同合作，合理规避科技进步所带来的伦理风险，构建完善的责任承担机制，实现人文价值、文化内容和科学技术的和谐共融与发展。

第五篇
市场与商业模型

第八章

数字创意产业的市场分析

8.1　数字创意产业的市场规模与结构

8.1.1　全球数字创意产业的市场规模与结构

随着科技的飞速发展，尤其是信息技术、互联网和移动通信技术的日新月异，全球数字创意产业迅速崛起，以其独特的创新性和巨大的市场潜力，正逐步演变为推动世界经济增长的核心动力。数字创意产业不仅代表了文化与科技的深度融合，更是传统产业转型升级的重要方向。

数字创意产业涵盖了数字内容从创作、分发到消费的整个价值链，形成了一个错综复杂的生态系统。这个生态系统中的各个环节紧密相连，共同推动着数字创意产业的蓬勃发展。其中，影视制作、音乐出版、游戏开发、数字广告、虚拟现实（VR）等子领域是数字创意产业的重要组成部分。

在影视制作方面，数字技术的应用彻底改变了传统电影和电视剧的制作方式。高清摄影、计算机生成图像（CGI）和动态捕捉等技术为观众带来了更加逼真和震撼的视听体验。同时，流媒体平台的兴起也重新定义了影视内容的分发和消费模式，使观众可以随时随地享受影视娱乐。

在音乐出版领域，数字化浪潮同样势不可当。数字音乐平台如雨后春笋般涌现，为音乐创作者提供了更加广阔的分发渠道和收入来源。此外，人工智能技术在音乐创作和编曲方面的应用也日益成熟，为音乐产业注入了新的活力。

游戏开发是数字创意产业中最具活力和创新性的领域之一。随着游戏引擎和图形技术的不断进步，游戏作品的画面效果和交互体验达到了前所未有的高度。同时，电子竞技的兴起也为游戏产业开辟了新的市场空间，吸引了众多年轻玩家的关注和参与。

数字广告是数字创意产业中增长最快的子领域之一。随着互联网和移动设备的普及，数字广告已经成为企业营销和品牌传播的重要手段。大数据和人工智能技术的应用使数字广告能够更加精准地触达目标受众，提高营销效果。

虚拟现实（VR）作为近年来兴起的新兴技术，为数字创意产业带来了全新的发展机遇。VR技术通过模拟三维环境，为用户提供沉浸式的体验感受，被广泛应用于娱乐、教育、医疗等多个领域。随着VR技术的不断成熟和普及，其在数字创意产业中的应用前景将更加广阔。

近年来，全球数字创意产业以惊人的速度蓬勃发展，呈现出前所未有的繁荣景象。国际权威数据公司（IDC）发布的最新报告显示，全球数字创意产业的市场规模已经突破10万亿美元大关，且以每年惊人的复合增长率持续高速增长。仅2019年全球数字创意行业市场规模就达到了10.8万亿美元，到2025年预计将达到21.6万亿美元。这一令人瞩目的成就背后，主要得益于互联网技术的飞速普及、移动设备的广泛运用，以及消费者对数字内容日益旺盛的需求。

移动设备的普及则进一步推动了数字创意产业的蓬勃发展。智能手机、平板电脑等移动设备的广泛运用，使人们可以随时随地享受数字内容的精彩。无论是观看影视作品、聆听音乐，还是畅玩游戏，移动设备都为用户提供了极致的便捷性和沉浸式的体验。这也为数字创意产业带来了巨大的商机和发展潜力。

消费者对数字内容的日益增长的需求，是数字创意产业持续高速增长的重要驱动力。随着生活水平的不断提升和审美需求的日益多样化，人们对数字内容的质量和丰富度提出了更高的要求。无论是追求极致视听体验的影视爱好者，还是钟情于互动娱乐的游戏玩家，都为数字创意产业提供了庞大的市场需求和广阔的发展空间。

在数字创意产业的众多细分市场中，游戏产业无疑是最为耀眼的一颗明星。凭借其独特的魅力和巨大的市场潜力，游戏产业已经成为全球最具盈利能力和增长潜力的数字创意产业之一。随着电子竞技的兴起和移动游戏的普及，游戏产业的市场规模和增长速度均居领先地位。各种类型的游戏作品层出不穷，为玩家提供了丰富的选择和极致的娱乐体验。同时，游戏产业的快速发展也带动了相关产业链的繁荣，包括游戏开发、运营、电竞、衍生品等多个领域。2020年，全球数字游戏市场的规模达到1 749亿美元，2023年达到约1 840亿美元。

除了游戏产业外，影视制作和音乐出版等传统娱乐产业也在数字化转型中焕发出新的生机。借助先进的数字技术和创新的商业模式，这些传统娱乐产业成功实现了转型升级，其市场规模不断扩大。2020年，全球数字影视市场的规模达到1 986亿美元，到2025年有望达到约3 133亿美元。数字音乐是数字创意行业中不可或缺的市场之一。2020年，全球数字音乐市场的规模达到135亿美元，到2025年有望达到约182亿美元。

数字化不仅提升了影视制作和音乐出版的生产效率和质量水平，还为消费者带来了更加多元化和个性化的内容选择。同时，数字化也为这些传统娱乐产业开拓了新的市场空间和盈利模式，使得它们能够在激烈的市场竞争中保持领先地位并持续创新发展。

在当今全球化的大背景下，数字创意行业已经成为推动经济发展的重要力量。从北美到亚太，再到欧洲，各大地区都在积极布局，争相抢占这一新兴产业的制高点。

1. 北美市场：领航全球，持续领跑

北美地区作为全球科技创新的发源地之一，在数字创意行业同样展现出强大的实力和吸引力。这里汇聚了众多世界级的科技巨头和创新型企业，为数字创意的孵化和发展提供了肥沃的土壤。2019年，北美的数字创意行业市场规模高达3.51万亿美元，成为全球最大的数字创意市场之一。

北美数字创意行业的成功，得益于其完善的基础设施、开放的市场环境以及丰富的人才储备。这里的创新生态体系成熟且活跃，从硅谷的创业热潮到好莱坞的影视制作，无不体现出北美在数字创意领域的领先地位和影响力。

2. 亚太市场：后起之秀，潜力无限

近年来，亚太地区在数字创意行业的发展同样令人瞩目。随着经济的快速增长和科技的不断进步，亚太地区的数字创意行业市场规模正在迅速扩大。2020年，该地区的数字创意行业市场规模达到1.31万亿美元，成为全球数字创意市场的重要一极。

亚太地区的数字创意行业发展得益于庞大的用户群体、多元化的市场需求以及日益完善的产业链。从中国的互联网巨头到印度的软件外包服务，再到日、韩的动漫游戏产业，亚太地区在数字创意领域的多元化和特色化发展路径为全球市场注入了新的活力。

3. 欧洲市场：文化底蕴深厚，技术创新领先

欧洲作为世界文明的发源地之一，拥有丰富的文化底蕴和强大的技术支持。在数字创意行业，欧洲同样展现出其独特的魅力和实力。2019年，欧洲的数字创意行业市场规模达到了1.79万亿美元，成为全球三大数字创意市场之一。

欧洲数字创意行业的发展得益于其深厚的艺术传统、先进的科技研发能力以及开放的市场环境。从法国的时尚设计到英国的影视制作，再到德国的工业设计，欧洲在数字创意领域的多元化和专业化发展为全球市场提供了丰富的选择和灵感。

北美、亚太和欧洲三大地区在数字创意行业都展现出强大的实力和潜力。随着科技的不断进步和市场需求的持续增长，这三大地区的数字创意行业将迎来更加广阔的发展空间和更加激烈的竞争挑战。未来，谁能在这一新兴产业中脱颖而出，让我们拭目以待。

8.1.2　我国数字创意产业的市场规模与结构

在我国战略新兴产业中，数字创意产业被划分为四大核心领域，即数字创意技术设备的生产与制造、丰富多彩的数字创意文化活动、创新型的数字设计服务、融合多元的数字创意与融合服务。

在数字创意技术设备的生产与制造方面，主要涵盖了广播电视设备与影音设备的制造。随着我国广播电视服务的全面覆盖和数字化进程的推进，广

播电视设备制造行业已进入成熟稳定的发展阶段。

与此同时,随着我国消费者对文化娱乐需求的持续增长,数字创意文化活动展现出巨大的市场潜力和广阔的发展空间。此外,数字技术的不断进步与创新,正有力地推动着各产业间的深度融合。工业设计、旅游业、文化博览等传统产业,在数字化浪潮的推动下,正迎来全新的发展机遇和转型升级的可能。

数字创意产业的上游环节主要包括技术设备的供应和软件开发,这是一个资本密集型的领域。中游则涵盖了多个细分领域,其中虚拟现实(VR)作为一个新兴领域,同时涉及内容软件和产品硬件的开发,随着技术的不断突破和进步,未来有望与其他细分行业产生更加紧密的联动和合作。

在产业链的下游,主要实体形式包括线下影院、主题乐园以及内容衍生品等行业。当前,我国线下影院的布局已趋于饱和,而主题乐园则面临IP资源匮乏的挑战,与国外知名乐园相比存在较大差距。同时,主题乐园的营收结构相对单一,主要依赖门票收入,二次消费占比较小。然而,内容衍生品作为当前实体形式中发展最为迅速的领域之一,其范围广泛,涵盖了根据IP内容衍生的周边产品、玩具、盲盒等。

在内容软件形式方面,主要有视频网站和数字在线服务。目前,我国视频网站的竞争格局已基本稳定,头部综合视频网站主要由爱奇艺、腾讯和优酷三大巨头占据主导地位。而在垂直细分赛道上,抖音、哔哩哔哩、快手等竞争者表现突出。在数字创意产业的相关细分行业中,网络新闻媒体占比最高,其次是网络游戏。虚拟现实与增强现实技术作为前沿技术,在多个领域有着广泛的应用前景和多样的使用场景。尽管目前市场规模相对较小,但未来随着技术的成熟和市场的拓展,有望迎来爆发式的增长。

国家统计局数据显示，2021年，我国规模以上文化及相关产业企业数量达到6.5万家，这些企业共同实现了119 064亿元的营业收入，同比增长16.0%，且在过去两年中平均增速为8.9%。从不同业态来看，有16个具有显著文化新业态特征的行业子类，它们合计实现了39 623亿元的营业收入，同比增长率高达18.9%，过去两年的平均增速更是高达20.5%，远超全部规模以上文化及相关产业企业的平均增速11.6个百分点。

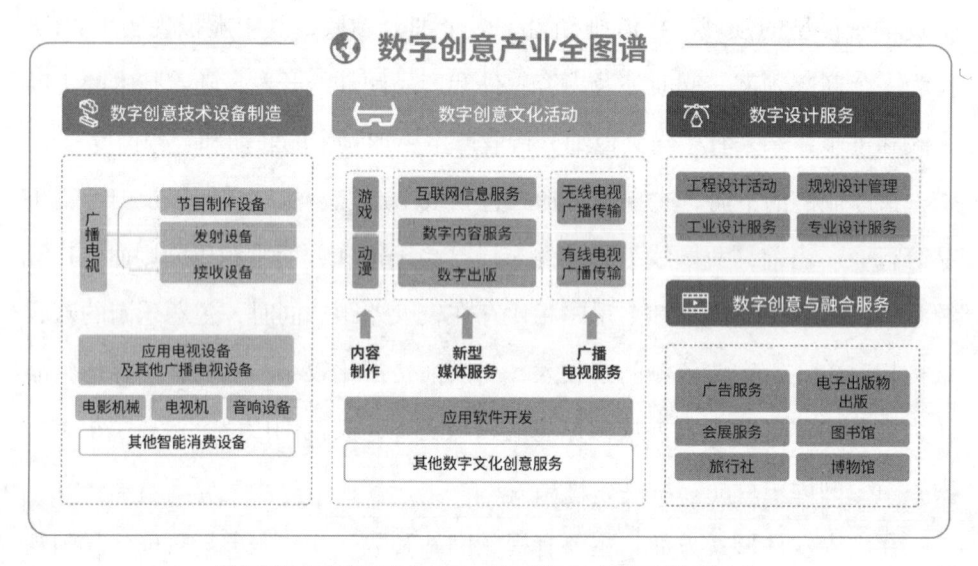

数字创意产业全图谱（来源：国家版权局 中国互联网协会）

具体到各个行业类别，新闻信息服务行业的营业收入为13 715亿元，同比增长15.5%，过去两年平均增速为16.7%；内容创作生产行业实现了25 163亿元的营业收入，同比增长14.8%，过去两年平均增速为9.7%；创意设计服务行业的营业收入为19 565亿元，同比增长16.6%，过去两年平均增速为13.8%；文化传播渠道行业的营业收入为12 962亿元，同比增长20.7%，但过去两年平均增速仅为3.2%；文化投资运营行业的营业收入为547亿元，同比增长14.3%，过去两年平均增速为8.4%；文化娱乐休闲服务行业的营业收入为1 306亿元，同比增长18.1%，但过去两年平均出现了9.2%的下降；文化辅助生产和中介服务行业的营业收入为16 212亿元，同比增长14.6%，过去两年平均增速为3.3%；文化装备生产行业的营业收入为6 940亿元，同比增长13.6%，过去两年平均增速为7.2%；而文化消费终端生产行业的营业收入则高达22 654亿元，同比增长16.2%，过去两年平均增速为10.5%。

2020年9月，我国国家发改委、科技部、工业和信息化部以及财政部共同发布了《关于扩大战略性新兴产业投资培育壮大新增长点增长极的指导意见》。在这份重要文件中，第八条意见着重强调了加速数字创意产业的融合与发展。2021年5月6日，文化和旅游部也颁布了《"十四五"文化产业发展规划》，明确提出了要顺应数字产业化和产业数字化的发展趋势，广泛并深入地应用5G、大数据、云计算、人工智能、超高清、物联网、虚拟现实、增强现实等尖端技术，以推动数字文化产业迈向高质量发展，并积极培育线上演播、数字创意、数字艺术、数字娱乐、沉浸式体验等创新文化业态。2022年5月，中共中央办公厅和国务院办公厅联合发布了《关于推进实施国家文化数字化战略的意见》，该文件清晰规划了到"十四五"时期末，我国将基本构建完成文化数字化的基础设施和服务平台，形成一个线上线下融合互动、立体覆盖的文化服务供给体系；而展望到2035年，我国将建立一个物理分布广泛、逻辑高度关联、快速链接、高效搜索、全面共享以及重点集成的国家文化大数据体系，使中华文化得以全景式地呈现，让中华文化的数字化成果能够被全民所共享。

鉴于数字创意产业已被视为与新兴技术、生物、高端制造以及绿色低碳产业齐名的五大新兴支柱之一，我们不难看出，当前我国的数字创意产业正处于一个由政策支持和市场需求共同驱动的黄金发展时期。

具体到地方政府，各省市积极推动数字创意行业发展，发布了一系列政策推进数字创意产业发展（见下表），如《黑龙江省人民政府关于印发黑龙江省产业振兴行动计划（2022—2026年）的通知》推动特色软件研发和产业化，加快发展数字创意、体积视频等新兴业态，大力培育壮大一批"专精特新"的软件和信息服务企业，打造10条软件及信息服务业产业链，建设国内具有重要影响力的信息安全研发基地、生产基地和成果转化基地。

各省市推进数字创意产品政策表

省市	发布时间	政策名称	主要内容
黑龙江	2022-06-17	黑龙江省产业振兴行动计划（2022—2026年）	推进特色软件研发与产业化进程，加速数字创意、体积视频等前沿业态成长，积极培育并壮大"专精特新"型软件和信息服务企业群体，构建10条完整的软件及信息服务产业链，致力于打造国内领先的信息安全研发、生产及成果转化中心
山西	2022-04-07	山西省推进资源型地区高质量发展"十四五"实施方案	大力扶持节能与新能源汽车、现代煤化工、煤成气、光机电、合成生物、现代医药及大健康等产业向千亿级迈进，同时推动通航、数字创意、信创、碳化硅、蓝宝石等产业的蓬勃发展
北京	2022-02-16	"十四五"时期丰台区高精尖产业发展规划	深入挖掘南中轴文化底蕴，通过新一代信息技术与文化产业的深度融合，积极发展数字互动娱乐、数字媒体、数字出版等信息服务领域，孵化网络视听新媒体、动漫游戏、在线展览等数字创意新业态，鼓励数字创意内容制作与智能终端的协同发展
湖北	2021-11-14	湖北省生态环境保护"十四五"规划	着重发展壮大高端装备、生物、新能源、新材料、绿色低碳及数字创意等新兴产业，推动战略性新兴产业走向融合化、集群化、生态化的发展道路，提升绿色环保等新兴产业的发展能级

续表

省市	发布时间	政策名称	主要内容
江苏	2021-07-19	江苏省"十四五"现代服务业发展规划	积极推动数字生活、数字娱乐、数字体育、数字教育、数字文博及数字创意等新兴业态的发展，丰富移动支付、无人零售、场地短租等新型业务模式，同时大力发展在线医疗、在线旅游、在线教育、在线交通、线上办公及直播电商等在线经济形态
内蒙古	2019-12	内蒙古自治区人民政府关于推进数字经济发展的意见	加速融媒体平台建设，支持数字出版的创新发展，鼓励主流媒体与龙头企业共同打造互联网传播平台，积极培育一批具备创新能力和市场竞争力的数字创意产业主体
天津	2018-09	天津市深化服务贸易创新发展试点实施方案	针对人工智能、生物医药、新能源新材料、新一代信息技术、高端装备制造、数字创意、航空航天及节能环保等战略性新兴服务业的发展需求，积极引进和培养高层次创新人才，扶持产业领军人才，建设高素质技能人才队伍
河北	2018-01	关于进一步激发民间有效投资活力　全面推进全省经济高质量发展的实施意见	大力发展先进装备制造、新一代信息技术、生物、新能源、新材料、节能环保、新能源汽车及数字创意等战略性新兴产业，推动民营企业实现转型升级和高质量发展
广东	2020-9	广东省培育数字创意战略性新兴产业集群行动计划（2021—2025年）	一是在产业规模上，提出到2025年数字创意产业营业收入突破6 000亿元；二是在产业链建设上，提出有效补强内容原创、IP运营等薄弱环节；三是在内容原创上，提出培育一批优质数字内容原创作品和精品IP，打造50个以上知名数字创意品牌；四是在产业平台建设上，提出高标准建设15个以上省级数字创意产业园，打造1～2个国际知名游戏动漫展会，培育或引进1～2个国际顶级电竞赛事等

8.1.3　电影产业链及商业模式

中国电影业涵盖了广泛的产业链，包括影视制片、发行、放映及相关服务。其中，影视服务毛利稳定且弹性较小，而电影制作和放映的毛利则具有较大弹性，当票房不足以覆盖固定成本时，可能面临严重亏损。成本主要集中在影院放映、电影发行及商品生产与采购环节。

过去十年，电影行业经历了迅速的渠道扩张，影院深入市场，全国荧幕数量持续增长。然而，近五年来增速有所放缓，且单个荧幕的产出逐年下滑，显示出供给与内容的错配。从观影人次看，影视行业已度过了院线快速扩张带来的红利期。2019年，国内观影人次环比增长首次停滞，而2020年受新冠疫情影响，观影人次更是出现了环比负增长。总体来看，扩张已近尾声，未来将是存量市场的竞争。

自2005年以来，国内票房收入持续增长，其发展可分为三个阶段。第一阶段为2005—2012年，国产片与进口片票房收入均稳步增长；第二阶段为2012—2019年，结构上出现明显变化，国产片进入快速增长期，收入增长近4倍，而海外片增速较慢，四年仅增长约1.5倍；第三阶段为2019年至今，受新冠疫情影响，2020年电影行业遭受重创，全产业链出现严重亏损。2021年，国产片票房逐渐恢复，但进口片票房仍待恢复，相关企业基本面将有所改善。从结构上看，头部影片票房收入更加集中，行业内二八定律显著，有高达87.5%的电影票房收入在5 000万以下。从趋势上看，近三年1亿以上票房的电影数量逐渐减少，且收入占比也呈下降趋势。疫情可能是导致票房平均水平下降的原因之一，但长期限制因素仍是优质内容供给的不足。

电影业的野蛮生长时代已成为过去。在疫情的催化下，影视行业进入调整阶段。随着观众对电影内容质量要求的提高，优质内容的输出将成为票房增长的关键驱动力。从上市公司院线票房收入来看，电影行业集中度较高，属于寡头市场，大部分优质资源集中在少数头部影视制作公司手中。

中国电影、万达影视和上海电影在行业中处于领先地位。仅前四家公司的院线票房收入之和就占据了整个电影行业票房总收入的51.42%，显示出强大的市场控制力。然而，中小型院线数量众多，竞争异常激烈。

在电影发行业务方面，中国电影具有显著的垄断地位。2020年全年，其发行的影片票房占比高达49.95%。

从产业链布局来看，中国电影、万达影视、上海电影和横店影视的产业链覆盖相对完善。而金逸影视和幸福蓝海在电影制作业务上的覆盖不足，环节较为单一，其电影业务相关收入主要依赖院线发行和影院放映。

近年来，产业链整合趋势愈发明显，各影投公司纷纷向上下游延伸发展，以实现内容与渠道的良好协同。2018年至2021年第三季度，影院整体资产负债率显著上升，部分影院营业利润率恢复至疫情前水平，行业财务状况出现明显分化。疫情过后，不同影投公司的基本面修复情况存在较大差异。产业链完善的公司抵抗冲击的能力更强，而业务单一的影视公司将面临更大的风险。

总体来看，行业内产业链布局全面的公司具有更高的综合壁垒和更强的资源掌控力。未来，电影行业或将呈现强者恒强的竞争格局。

8.1.4 电视产业链及商业模式

电视剧行业作为数字创意产业的重要组成部分，其产业链虽然看似简单，实则涵盖了多个环节和多元参与主体。从宏观上看，电视剧行业的产业链主要可以划分为上游的内容制作和中游的媒体渠道两大环节。然而，在每个环节中，又存在着不同类型和背景的制作和播出机构，它们共同构成了电视剧行业的生态系统。

在上游的内容制作环节，电视剧制作出品机构大致可分为三类。第一类是以中央电视台、芒果影视为代表的传统媒体机构和国有企业。它们拥有丰富的制作经验和资源，以及深厚的政府背景和资金支持，因此在电视剧制作领域具有举足轻重的地位。第二类是以华策影视、正午阳光、完美世界等为代表的民营制作公司。这些公司凭借敏锐的市场洞察力和创新的制作理念，在电视剧市场上占据了一席之地。它们制作的电视剧往往具有较高的艺术性和观赏性，深受观众喜爱。第三类则是以优酷、爱奇艺、腾讯为代表的视频平台。这些平台不仅拥有庞大的用户基础和强大的分发能力，还通过自制剧、定制剧等方式积极参与到电视剧制作中来，推动了电视剧行业的创新和发展。

然而，近年来我国电视剧播出数量却呈现出持续减量的趋势。特别是2017年到2018年期间，电视剧播出数量出现了大幅的下滑，行业进入"减量提质"的深度调整阶段。这一变化的出现，既是由于政策调控和市场环境变化的影响，也是电视剧行业自身发展规律的体现。在这一背景下，网络剧凭借其每集时间较短、适合当下消费者"碎片化"内容消费习惯的特点，逐渐崭露头角。2020年，网络剧剧集数量大幅增加，剧集形式也逐渐多元化，短剧、中剧、互动剧等新品类不断涌现，为观众提供了更加丰富的选择。

尽管电视剧行业在不断发展变化中，但缺少现象级的头部内容仍然是困扰行业的一大痛点。近年来，爆款剧集相比往年数量有所下降，这无疑给电视剧制作和播出机构带来了巨大的挑战。过去几年，网络视频用户快速扩张，视频平台为了争夺市场份额和用户资源，纷纷重金抢购版权，导致每集平均售价大幅上升，推动了行业收入的快速增长。上游影视制作公司、投资方等也因此明显受益。然而，随着用户增长迈入稳增长阶段，内容成本开始下降。视频平台与片方的合作方式也从一次性买断转变为分账模式，内容质量与最终收益深度绑定。这一变化倒逼上游片方加强对内容质量的把控，以优质内容赢得市场和观众的认可。

分账模式的出现和普及，本质上是风险共担的体现。在过去，收入风险完全由平台承担，风险大小取决于平台对于项目价值预估的准确性。然而，这种模式下平台往往面临着巨大的压力和不确定性。而分账模式则将内容质量交由市场评定，赋予优质内容更大的商业空间。这种模式不仅刺激了行业优质内容的输出，还有助于行业优化结构，避免内容产出泡沫的出现。通过分账模式，电视剧制作和播出机构能够更加紧密地联系在一起，共同承担风险并分享收益。这无疑为电视剧行业的健康发展注入了新的动力和活力。

8.1.5 在线视频产业链及商业模式

长视频平台与短视频平台在盈利模式上均展现出多元化的特点，但各有侧重。长视频平台主要依赖于会员收入、广告收入和版权收入这三大板块。在当前流量增长陷入瓶颈的背景下，提升会员收入显得尤为重要。为实现这一目标，关键在于提高付费用户的转化率和ARPU（每用户平均收入）。这一增长驱动力主要源于两方面：首先是长期优质内容的稳定产出，这不仅能吸引新用户，更是留住老用户的关键；其次是实施多层次、差异化的定价策略，以满足不同收入群体的需求，从而实现精细化运营和存量市场的最大化挖掘。

长视频平台的广告收入受经济周期波动的影响较大。在经济衰退时期，广告主往往会削减营销预算，从而影响平台的广告收入。版权收入则主要取决于内容的质量和出售数量。从成本结构来看，内容成本占据了总成本的绝大部分，其中艺人的高薪是推高成本的主要原因。尽管"限薪令"的实施在一定程度上缓解了成本压力，但仍对盈利空间造成了严重挤压。特别是对于那些以PGC（专业生产内容）为主的平台来说，成本压力远大于以UGC（用户生产内容）和PUGC（专业用户生产内容）为主的平台。因此，对于头部综合视频网站而言，降低成本成为当务之急。

以爱奇艺为例，其主营业务收入主要来源于会员服务。近年来，该项目的收入快速增长，占比逐年上升。然而，受经济和监管因素的影响，广告收入出现了严重下滑。同时，爱奇艺在内容投入产出比方面表现出较大的浮动性，甚至有"入不敷出"的趋势，安全边际非常脆弱。尽管2020年内容成本有所下降，但主要原因是剧集平均时长的缩短，而非根本性的成本控制。

相比之下，短视频行业的盈利模式更为多样。对于内容生产者而言，收入主要来源于内容版权、用户打赏、广告和电商变现；而对于平台来说，则主要依赖于佣金抽成和广告收入。随着短视频行业的流量红利逐渐减退，未来的增长将更多地依赖于单个用户价值的深度挖掘。这主要受到两个因素的影响：一是内容质量，它直接决定了用户的黏性和活跃度；二是内容分发的精准度，不同的平台通过独特的算法实现内容的精准推送，从而构筑起强大的竞争壁垒并推动用户规模和营收的双向增长。

从行业整体来看，流量已经趋于稳定，未来的增长空间有限。因此，付费用户比重的增长和单个用户价值的挖掘将成为主要的增长驱动力。在线视频市场规模在经历了高速增长期后逐渐趋于稳定，但仍有一定的增长空间。网络视频用户规模也在持续增长，但增速有所放缓。值得注意的是，用户的付费习惯已经形成，付费收入规模增速整体处于高速增长阶段，这为行业的持续发展提供了有力支撑。

在结构方面，消费者娱乐时间的碎片化趋势使得长视频和短视频的月度用户渗透率出现背离。短视频凭借其低门槛、强交互性和社交属性等特点展现出长期的竞争优势，用户规模持续保持高增长态势；而综合视频用户规模则开始出现收缩。此外，综合视频平台的竞争格局大体稳定，但第一梯队月度活跃用户数增长乏力甚至出现下降趋势；而短视频平台则呈现出两强格局已定的局面，其他二三梯队还在不断洗牌中。

在内容供应方面，各大平台都在努力提高独播比例以构建竞争壁垒。爱奇艺在内容供应数量上占据明显优势，但腾讯在内容质量上更胜一筹。随着竞争的不断加剧和成本压力的持续加大，各大平台将需要更加注重内容的质量和差异化以吸引和留住用户。同时，短视频平台也需要不断创新和优化用户体验，以应对长视频平台的挑战和保持自身的竞争优势。

8.1.6 游戏产业链及商业模式

网络游戏产业这个庞大的娱乐帝国，由游戏研发、运营、渠道三个核心环节共同构筑。每一环节都扮演着不可或缺的角色，共同维持着这个帝国的繁荣与昌盛。

深入游戏研发的幕后，我们仿佛置身于一个创意的熔炉。这里汇聚了众多专业的技术人员，他们夜以继日地耕耘，从产品立项、策划开发到版本迭代，每一个环节都倾注了无数的心血与智慧。游戏的研发周期往往漫长而充满挑战，需要大量的资金与技术支持，形成了高高的资金壁垒。但正是这样的投入与坚持，才铸就了一款款经典之作，让玩家在游戏中体验到前所未有的乐趣与刺激。

而游戏运营商则位于这个产业链的中心环节，他们通过自主运营、授权运营及联合运营等多种模式，将游戏推向市场，呈现在玩家面前。自主运营模式让运营商拥有游戏的全部版权，可以更好地掌控游戏的运营方向与策略。在授权运营模式下，研发商与运营商通过支付版权费或游戏分成的方式进行利益分配，实现了风险的共担与利益的共享。联合运营模式则更注重资源的整合与优势的互补，共同承担运营费用，提升游戏的整体运营效果。如今，越来越多的公司选择研运一体模式，直接面向用户层面跟进市场趋势变化，以提升产品的长期效益及竞争能力。

在渠道方面，游戏产业的推广路径可以分为与传统应用商的合作和买量两种方式。买量，即通过购买流量的方式在新媒体渠道上进行推广，这已成为游戏产业中一种重要的推广手段。这种方式可以帮助游戏更快地触达目标用户，提升游戏的曝光度与下载量。

谈到游戏行业的盈利模式，买断制与"免费+内购"无疑是两种最为主流的方式。在买断制下，用户单次购买后即可无限畅玩，这种模式的优点在于故事情节流畅、完成度高，为玩家提供了完整的游戏体验。而在"免费+内购"模式下，用户进入游戏无门槛，厂商后续依靠提供增值服务和投放广告创收。这种模式的优点在于可以通过用户的多次消费、差异化消费增加营收，但同时也需要投入大量的资本进行后续的维护与更新。在国内市场，游戏产品主要采用内购模式，这种模式更符合国内玩家的消费习惯与市场需求。

影响游戏增值收入的关键变量众多，其中产品生命周期、用户流量和定价机制无疑是最为重要的三个因素。一款好的游戏产品，不仅具有稳定而广大的用户基础，还拥有长久的生命周期，能够持续为厂商带来稳定的收入。

而在增值服务定价上，不同厂商的定价策略差异明显，如网易游戏的定价整体要高于腾讯游戏。这种定价策略的差异，不仅反映了不同厂商的市场定位与经营策略，也在一定程度上影响了玩家的消费选择与游戏体验。

在游戏行业，最核心的竞争力无疑在于产品基因。游戏品质、所属品类以及IP内容共同构成了游戏的基因，决定了游戏的吸引力与生命力。高品质的游戏在画风、可玩性、玩法等方面都表现出色，能够吸引并留存大量玩家。而游戏的所属品类则决定了其面向用户的广度与深度，不同品类的游戏在潜在用户规模与市场需求上存在较大差异。IP来源也是影响游戏竞争力的重要因素之一，IP改编的游戏自带流量与粉丝基础，具有天然的市场优势。如网易自研的手游《哈利波特：魔法觉醒》改编自超级IP《哈利·波特》，在上线初期就成为爆款，表现亮眼。根据相关数据估计，IP改编游戏约占移动游戏行业总收入的七成。

当然，产品运营也是影响游戏生命周期与流量的关键因素之一。好的产品运营可以借势造势，延长游戏的生命周期并提升用户流量；但如果没有好的产品支撑，再出色的运营也无法挽救成本与收入的极度失衡。因此，在游戏行业中，产品基因与运营策略是相辅相成的存在，共同决定着游戏的命运与未来。

从游戏行业的细分市场来看，移动游戏、PC游戏和网络游戏构成了三大主要领域。其中移动游戏市场占据绝对的主导地位，相关数据报告显示，移动游戏占据市场76%的份额，而客户端游戏约为20%。随着智能手机的普及与移动网络的发展，移动游戏已成为玩家首选的游戏方式。其便捷性、随时性以及丰富的游戏内容满足了玩家多样化的娱乐需求。

当前移动游戏市场已步入成熟阶段，用户规模保持中低速增长。在经历了2018年至2019年的销售收入增速瓶颈后，2020年受新冠疫情影响游戏行业迎来短暂红利期，收入大幅增长20%。而近几年游戏版号发放的减量导致新增游戏减少，在市场需求保持稳定的基础上，具备研发实力的头部游戏公司将受益于此背景获得更多发展机会与市场份额。

从收入排名前100的移动游戏产品类型数量及收入占比来看，角色扮演类（RPG）、卡牌类、策略类占比超半数；但多人在线战术竞技类（MOBA）、射击类以及回合制角色扮演类在营收上更为强势；高行业平均收入的背后是大厂垄断和高进入壁垒的存在。这些大厂凭借强大的研发实力、丰富的运营经验以及深厚的用户基础在游戏市场中占据主导地位；而中小游戏厂商则面临着巨大的竞争压力与挑战。

在角色扮演类（RPG）游戏中，画面、剧情以及社交体验感和时间观的塑造是其核心特点。这类游戏依赖用户基数且研运成本高，当前多为大厂研发，如网易、腾讯等。其推出的自研产品如《梦幻西游》《大话西游》《阴阳师》等上线时间均已超过五年，但生命周期依然在行业平均水平之上。这些经典之作不仅为厂商带来了可观的收入，也塑造了一批忠实的玩家群体。而米哈游凭借开放世界题材产品《原神》，收入强劲，并且凭借内容优势打破研发商与渠道间五五分成的模式，采取三七分成，米哈游占七成。由此可见优质内容的议价能力大幅提升，渠道影响力被削弱。从IP来源上看，网易在自研IP方面，表现出更强的创造力，其头部三款产品均为自研。这种自研能力不仅为网易带来了独特的竞争优势，也为其在游戏市场中树立了良好的口碑与品牌形象。

在MOBA手游中，操作更简易、用户学习成本降低以及单局时间较短等特点，符合了消费者娱乐碎片化的趋势；同时强竞技对抗的特点，也使其具有更高的用户黏性。在这个细分领域中，腾讯具有垄断地位，其自研产品《王者荣耀》长期位于收入榜首位。而网易游戏虽然也推出了多款MOBA类产品进行围剿，但大都反响平平，变现最好的是《决战！平安京》。由此可见在MOBA手游领域，腾讯已形成了强大的品牌效应与市场地位，难以撼动。

在射击类（FPS）游戏方面，腾讯同样具有垄断地位。在拿下《绝地求生》（PUBG）的国服代理权后，腾讯凭借技术优势、强大的运营能力以及游戏生态，后来居上，超过了具有先发优势的网易游戏。这种后来者居上的态势，不仅反映了腾讯在游戏行业的实力与影响力，也揭示了市场竞争的残酷与激烈。在这个细分领域中只有不断创新与进取，才能保持领先地位与市场份额。

最后，从移动游戏发行竞争格局来看，市场集中度高且竞争激烈，前三名分别是腾讯游戏、网易游戏和三七互娱，三者占比达到78%。其中腾讯游戏发行占半壁江山，与排名第二的网易游戏拉开了明显差距。这种竞争格局不仅体现了大厂在游戏行业中的主导地位，也反映了中小厂商在发行方面所面临的压力与挑战。随着市场竞争的进一步加剧，这种格局可能会继续向头部集中，中小厂商需要不断创新与突破，才能在市场中立足与发展。

8.1.7　动漫动画产业链及商业模式

动漫动画产业作为创意产业的重要组成部分，其产业链涵盖了上游的内容制作、中游的媒体平台和下游的多元化业态。在上游的内容制作环节，动画制作可进一步细分为原创动画和IP改编动画两大类。原创动画以其独特的创意和故事情节吸引着广大观众，其制作周期长、不确定性因素多，因此风险相对较大。然而，一旦成功，原创动画便能够实现价值的最大化，为产业链后续环节奠定坚实基础。相比之下，IP改编动画则依托已有的知名IP进行创作，这类动画作品在市场上拥有一定的用户流量基础，能够快速吸引观众的注意力。但需要注意的是，由于IP版权等因素的限制，公司往往只能分得部分收益。

中游的媒体平台在动漫动画产业中扮演着承上启下的重要角色。这些平台通过购买、播放和推广动画作品，将上游制作的内容呈现给广大观众。随着互联网的普及和发展，媒体平台的形态也日益多样化，包括电视台、视频网站、社交媒体等。这些平台通过各自的特色和优势，为动画作品的传播提供了广阔的空间。

下游业态的多元化是动漫动画产业发展的重要趋势。由IP衍生出的潮玩、游戏、主题乐园、主题临展等业态，不仅丰富了消费者的娱乐选择，也为产业链带来了更多的商业机会。这些衍生产品以动画作品中的角色、场景等元素为基础进行设计和开发，通过与原作的高度关联性和互动性，吸引着大量粉丝和消费者的关注和购买。

从市场规模来看，我国网络动漫市场和网络动画市场近年来呈现出快速扩张的态势，并且维持着较高的增速。动画片制作发行数量也展现出稳步增长的趋势。这些数据表明，我国动漫动画产业在整体上保持着良好的发展势头。

然而，在内容方面，我国原创IP的质量与美国、日本等动漫大国相比仍存在较大的差距。目前，国内的原创动漫主要面向低龄消费者，IP生命周期较短，难以打造有效的IP矩阵。因此，提升原创IP的质量和促进消费群体年龄段的向上延伸成为行业破局的关键。

此外，我国动画电影市场也面临着一些挑战。尽管头部电影（票房1亿以上）的数量占比维持在一定水平，但近年来受疫情影响，动画电影整体产出大幅下滑，爆款动画电影缺位。2021年整体票房有所恢复，但仍然缺乏标杆作品的引领。从IP来源看，原创IP电影普遍反响平平，而神话IP改编的动画电影在市场上占据一定优势。消费者对神话元素的热情为动画行业打开了新的成长空间，但同一元素IP的泛滥也可能导致边际效益大幅递减。因此，创作团队在叙事和宇宙观的塑造上的巨大突破将成为护城河搭建的关键。

在竞争方面，华强方特出品的《熊出没》系列以其独特的定位和原创IP壁垒在市场上脱颖而出。而彩条屋和追光动画在题材上的重合度较高，竞争激烈。光线传媒近年来在神话宇宙上的布局意图明显，相关电影存货数量众多，热门续集也在策划中。追光动画则主打神话人物与现代科幻融合的新封神宇宙，尽管市场目前对该风格的接受度有限，如若市场开拓成功，追光动画将迎来超额回报。

动画行业的商业模式也呈现出多元化的特点。奥飞娱乐、华强方特等专注于IP的垂直纵深开发，通过围绕自有动漫IP形象进行周边衍生品的全面开发来拓展市场。而追光动画、光线传媒等专注于动画IP内容领域的横向探索和对题材的多维度挖掘。这些不同的商业模式为动漫动画产业的发展提供了多样化的路径和选择。

随着我国二次元用户数量的不断增加，网络动漫步入了快速发展时期。上游内容题材呈现出多元化的趋势，下游IP运营也向多业态方向发展。游戏、音乐、会展、玩具、IP授权等多种模式为动漫动画产业带来了更多的商业机会和发展空间。然而，需要注意的是，国内动漫内容的供给还无法满足用户不断增长的消费需求。因此，加强原创内容的创作和生产，提高作品的质量和水平，将成为未来动漫动画产业发展的重要方向。

8.1.8 数字创意设计、数字文旅产业及商业模式

在当今这个数字化飞速发展的时代，数字创意设计以其独特的魅力和无限的可能性，已经深入我们生活的方方面面。它依托于计算机生成图像（CG）、虚拟现实（VR）等尖端数字化技术，为规划展厅、博物馆、展览馆、主题馆以及地产营销等领域，提供了极具创意的视觉展示服务。这不仅极大地丰富了我们的视觉体验，更为这些行业注入了新的活力。

在新的消费时代背景下，消费者对于体验的需求日益多元化和个性化。他们不再满足于传统的、单一的展示方式，而是追求更为沉浸式、交互式的体验。幸运的是，CG、VR、AR以及裸眼3D等技术的发展，为消费者带来了前所未有的视觉盛宴。这些技术不仅能够模拟出逼真的环境和场景，还能够让观众身临其境地参与其中，获得极致的感官享受。

以博物馆为例，传统的博物馆往往只能通过静态的展品和有限的说明来向游客传递信息，这种方式不仅单调乏味，而且很难让游客对展品有深入的了解。然而，在数字创意设计的助力下，博物馆得以焕发新的生机。通过运用CG、VR等技术，博物馆可以打造出虚拟的展馆和展品，让游客在参观的过程中获得更加丰富和立体的信息。同时，AR和裸眼3D技术的应用，更是让展品"活"了起来，游客可以通过手机或特殊眼镜看到展品的立体效果和背后的故事，这种沉浸式的体验让游客仿佛穿越到了历史的长河中，与古人进行了一场跨越时空的对话。

在众多的博物馆中，故宫博物院无疑是数字化转型的佼佼者。这座有着六百多年历史的皇家宫殿，不仅依靠其深厚的文化底蕴成功打造了自己的IP，还通过出售文创产品等方式实现了变现。更为值得一提的是，故宫博物

院还开设了数字博物馆，为游客提供了一种全新的游览方式。在数字多宝阁和数字文物库中，游客可以进一步了解文物的内涵和背景；而在线逛展功能则让游客足不出户就能欣赏到故宫的珍贵藏品和精美展览。这些数字化的手段不仅增强了游客与故宫的互动，更提升了游客游览的舒适度和新奇感。

据统计，截至2017年，故宫的文创产品已经突破10 000种，文创产品的全年营收总额更是达到了惊人的15亿元。这一数字不仅证明了故宫在数字化转型道路上的成功，更为整个文博行业树立了一个可望而不可即的目标。故宫的数字化转型之路不仅让更多的人了解到了中华文化的博大精深，更为传统文化的传承和发展开辟了一条新的道路。我们有理由相信，在未来的日子里，数字创意设计将继续发挥其独特的优势，为我们的生活带来更多的惊喜和可能。

8.1.9 数字阅读产业链及商业模式

在当今数字化时代，数字阅读产业链已经形成了完整的上下游结构。上游主要为内容供应方，其中包含了两大类机构：第一类是传统图书的版权方，他们手握大量经典作品的版权，为数字阅读市场提供了丰富的资源；第二类是网络文学生产方，他们凭借网络平台，汇聚了大量原创作者和作品，成为数字阅读市场的新兴力量。

网络文学在数字阅读产业链中扮演着举足轻重的角色，它是IP内容的主要源头，能够衍生出游戏、影视、动漫动画等多种形式。在版权运营模式上，主要有两种策略：一种是版权直接授权，即版权方将作品的使用权直接授予其他机构，实现版权变现；另一种是全版权运营，版权方通过与产业链其他环节的合作，将作品效益最大化。全版权运营能够实现一种资源的多次开发和利用，是理论上的最优解。然而，这种持续的盈利模式对作品的要求极高，只适用于金字塔顶尖、有流量基础的内容资源。对于大部分作品来说，直接授权仍然是当下最有效的变现方式。

中游的阅读平台是数字阅读产业链的核心环节，它们为读者提供了便捷的阅读渠道。这些平台大致可以分为文学网站和移动阅读APP两大类。移动阅读市场的参与者众多，主要有四方力量。第一类是电信运营商，其凭借庞大的用户基础和渠道优势，推出了咪咕阅读、天翼阅读等移动阅读产品。第二类是互联网巨头，其凭借强大的技术实力和资本优势，进入了移动阅读市场，代表产品有七猫免费小说和书旗小说。第三类是独立平台，其专注于移动阅读领域，通过精细化运营和特色内容打造竞争优势，代表产品有塔读文学。第四类为电商企业，其凭借电商平台的流量优势，推出了当当阅读、京东读书等移动阅读产品。

数字阅读平台的竞争力主要体现在内容、渠道和产品三个方面。在渠道方面，字节系、腾讯系、阿里系、百度系的阅读平台具有强大的渠道运营能力，可以通过百度APP、QQ浏览器等引流，形成较高的壁垒。在内容方面，各大平台纷纷加强内容建设，通过签约知名作者、购买优质版权等方式提升内容质量。在产品方面，各大平台不断创新产品形态和功能，提升用户体验和黏性。

阅读平台的商业模式主要分为付费阅读和"免费阅读+广告"两种。付费模式的收入来源主要包括用户订阅付费、版权运营和广告收入。免费模式则主要依靠流量带动广告收入增加。近两年免费模式迅速占据市场，引起了广泛关注。该模式的优势在于可以充分下沉市场，提高用户日均阅读时长，从而增加广告曝光和收入。然而，免费模式也可能打破消费者的付费习惯，对付费模式构成挑战。QuestMobile（移动互联网商业智能服务商）数据显示，七猫免费小说APP与掌阅、QQ阅读用户重合数均未占到七猫总用户数的10%，这表明付费和免费阅读实质上为互补关系，各自服务于不同的用户群体。

相比于付费模式，免费模式的平台壁垒低、可复制性强，主要依靠流量赚钱。然而，随着市场竞争加剧和流量红利逐渐消失，免费模式的盈利空间受到压缩。在2020年移动月活TOP50中，免费阅读APP数量与去年同期相比有所下降，表明免费阅读市场的争夺已经接近尾声。与此同时，付费模式的平台更注重内容的储备和质量提升，通过提供优质内容吸引和留住用户。

在人口红利消失叠加短视频分流的效应下，2017年以来网络文学用户规模增速显著放缓。然而，市场规模仍维持高速增长态势，表明数字阅读市场仍具有巨大的发展潜力。盘活、挖掘存量市场是未来行业的发展方向之一。各大平台需要加强内容建设、提升用户体验、拓展商业模式等，以在激烈的市场竞争中脱颖而出。

2020年移动阅读月活千万级规模数据显示，掌阅在数字阅读领域具有绝对优势地位，与第二名的七猫免费小说拉开了明显差距。然而，下半年行业出现明显分化趋势，咪咕阅读活跃用户出现断崖式下降，第一梯队月活跃用户数量区间逐渐收敛，竞争愈发激烈。这表明数字阅读市场已经进入存量竞争时代，各大平台需要不断创新和提升自身实力以应对市场变化。在第一梯队中，除了掌阅和七猫免费小说外，还有QQ阅读、番茄免费小说、宜搜小说等实力派选手同台竞技。这些平台各具特色优势，共同推动着数字阅读市场的繁荣发展。

8.1.10 VR、AR产业链及商业模式

在当今科技飞速发展的时代，VR技术以其独特的魅力，已经逐渐融入了我们的日常生活。VR技术利用计算机根据现实环境生成一种模拟环境，它能为用户提供视觉、触觉等感官模拟，让人仿佛身临其境，获得沉浸式的体验。与此同时，AR和MR技术也在不断发展，它们通过与人眼和现实世界的融合，叠加全息影像，为用户带来更加震撼的视觉体验。

VR产业链上游主要包括硬件设备制造商和软件服务商。硬件设备按功能可以分为核心器件、终端设备和配套外设。核心器件中的芯片、显示屏幕、传感器等是VR设备的关键组成部分，它们的性能直接影响到用户的体验效果。目前市面上主流的XR设备主要采用的是高通XR2、高通骁龙845等芯片，这些芯片具有强大的处理能力，能够满足实时渲染的需求。而光学器件则是影响成像效果和设备体积大小的重要因素。在终端设备方面，移动VR、VR一体机和主机VR各有特色，它们能够满足不同用户的需求。配套外设如手柄、耳机等则能够进一步增强用户的感官体验。

中游的内容分发平台在VR产业链中扮演着重要的角色，它们负责将丰富多样的内容提供给用户。而下游的各类应用场景则是VR技术的最终落脚点，无论是游戏娱乐、教育培训还是医疗健康等领域，VR技术都有着广阔的应用前景。然而，受制于价格高昂、设备重量等因素，目前XR设备的C端市场仍处于早期阶段，但其成长潜力巨大，有望在未来几年内迎来爆发式增长。

在VR设备的成本结构中，屏幕、存储和处理器的占比达到了77%，这表明硬件成本是VR设备制造成本的主要部分。对于中游的分发平台来说，它

们主要通过最终流水分成来盈利。例如，Steam平台就采取了分级分成的方式，根据游戏的销售收入来确定分成比例。这种盈利模式既能够保证平台的收益，也能够激发游戏开发者的积极性，推动更多优质内容的产生。

对于下游的VR体验场所来说，它们主要通过用户体验来获利。这些场所通常会按时长或次数来收费，为用户提供沉浸式的虚拟现实体验。无论是游戏娱乐还是其他领域的应用，VR技术都能够为用户带来前所未有的感官刺激和互动体验。

近年来，VR市场规模持续增长，六年复合增长率达到了81.2%。尽管VR行业在数字娱乐产业中的占比仍较小，但其未来的成长空间广阔。随着技术的不断进步和应用的不断拓展，VR设备有望在未来几年内进入更多家庭和企业，成为人们生活和工作中不可或缺的一部分。

同时，全球VR头显的出货量也在持续增长。根据陀螺研究院的估计，2021年VR头显出货量达到980万台，同比增长72%。这表明VR设备的需求正在不断增长，市场潜力巨大。而Oculus Quest 2（VR一体机）等热销产品的推出，更是推动了VR市场的快速发展。这些产品采用了最新的技术平台，为用户带来了更加出色的性能和体验效果。

与VR相比，AR行业的发展相对较慢。受制于技术瓶颈等因素，AR眼镜的出货量与VR相比还很小。然而，随着技术的不断进步和应用场景的不断拓展，AR行业有望在未来实现快速增长。无论是在游戏娱乐、教育培训还是医疗健康等领域，AR技术都有着广泛的应用前景。

在XR市场份额方面，Oculus凭借其出色的产品和市场策略，占据了绝对领先地位。特别是在Oculus Quest 2大卖之后，其市场份额更是快速提升至75%。这表明Oculus在XR领域的实力不容小觑，其未来的发展前景也十分好。

综上所述，VR技术以其独特的魅力和广阔的应用前景，已经逐渐融入了我们的日常生活。随着技术的不断进步和应用的不断拓展，VR设备有望在未来几年内实现爆发式增长，成为人们生活和工作中不可或缺的一部分。

8.2 数字创意产业的消费者行为分析

8.2.1 消费者市场需求分析

随着数字技术与互联网的蓬勃发展，数字创意产业已然崭露头角，成为文化产业领域中的一颗璀璨明星。它以其独特的魅力和无限的创意，深刻地影响着人们的日常生活与社会的发展轨迹，从而催生出充满生机与活力的文化市场需求。下面我们将对数字创意产业的市场需求展开深入剖析。

1. 新媒体时代：通信与文化的交融

新媒体时代的到来，标志着人们的社会通信方式发生了翻天覆地的变化。过去，人们的通信主要依赖于书信、电话等传统方式；而如今，新媒体已经渗透到人们生活的方方面面，成为连接人与人的重要桥梁。新媒体不仅改变了人们的通信方式，更重要的是，它推动了文化传播方式的根本性变革。

在新媒体时代，信息的传播速度更快、范围更广，文化的传播也变得更加便捷和高效。新媒体平台如雨后春笋般涌现，为人们提供了丰富多彩的文化内容。无论是社交媒体上的短视频、直播，还是在线教育、网络文学等，都是新媒体时代文化传播的生动体现。

新媒体的发展为数字创意产业提供了广阔的舞台。数字创意产业以新媒体为载体，通过创意和创新的手段，打造出丰富多彩的文化产品，满足了人们日益增长的文化需求。同时，新媒体的互动性、即时性等特点，也为数字创意产业提供了与消费者直接互动的机会，使得产业的发展更加贴近市场需求。

2. 新文化娱乐：多元化的消遣方式

在社会日新月异的发展进程中，新文化娱乐的概念逐渐崭露头角。与传统的娱乐方式相比，新文化娱乐更加注重消费者的体验感和参与感，提供了更加多元化的消遣方式。数字创意产业中的数码娱乐便是新文化娱乐的重要组成部分。

数码娱乐以数字技术为支撑，通过创意和创新的手段，打造出游戏、电影、动漫等丰富多彩的娱乐产品。这些产品不仅为消费者提供了全新的娱乐体验，更在虚拟世界中构建了一个个充满想象力和创意的生态空间。消费者可以在这些生态空间中自由探索、互动和交流，满足不同层次、不同需求的消费群体。

同时，新文化娱乐的普及也推动了数字创意产业的快速发展。随着消费者对文化消遣的需求日益增长，数字创意产业需要不断创新和突破，提供更加优质、多元的文化产品以满足市场需求。这也为数字创意产业的发展提供了源源不断的动力。

3. 网络文化：引领消费新潮流

随着网络技术的飞速发展，网络文化已经渗透到人们的日常生活中，成为影响消费者社会观念、成长经历和消费习惯的重要因素。网络文化以其独特的魅力和强大的影响力，引领着消费的新潮流，为数字创意产业的发展创造了新的机遇。

在网络文化的熏陶下，消费者的审美观念、价值观念和消费观念都发生了深刻的变化。他们更加注重个性化和差异化的消费需求，追求独特、新颖和有创意的文化产品。这为数字创意产业提供了广阔的发展空间和创新的可能性。

数字创意产业需要紧跟网络文化的发展潮流，深入挖掘消费者的需求和喜好，通过创意和创新的手段，打造出符合消费者口味的文化产品。同时，还需要加强与消费者的互动和交流，了解他们的反馈和意见，不断优化和完善产品，以满足市场不断变化的需求。

4. 旅游互动：文化与旅游的深度融合

在旅游业的快速发展中，文化与旅游的深度融合已经成为一种趋势。人们越来越注重旅游的文化内涵和体验感受，希望通过旅游来深入了解当地的文化和风土人情。这为数字创意产业提供了新的发展机遇。

数字创意产业可以通过创意和创新的手段，将文化与旅游深度融合，为消费者提供更加丰富、深刻的旅游体验。比如通过AR、VR等技术手段重现历史场景、打造虚拟旅游体验等，让消费者在旅游的过程中感受到文化的魅力和历史的厚重感。

同时，随着互联网的普及和发展，人们也越来越愿意通过互联网平台分享自己的旅游经历和感受。数字创意产业可以抓住这一机遇，通过社交媒体、短视频等平台打造旅游互动社区，吸引更多的游客参与和分享自己的旅游体验，从而推动产业的发展和壮大。

5. 艺术品投资：开辟新的投资市场

随着人们生活水平的提高和投资观念的转变，艺术品投资已经成为一种新的投资方式。艺术品市场的发展潜力巨大，投资者可以通过购买艺术品进行投资收藏或者获取投资回报。这为数字创意产业的艺术品市场投资发展带来了更多的可能性。

数字创意产业可以通过创意和创新的手段打造独具特色的艺术品，吸引投资者的关注和购买。同时还可以通过数字技术手段优化和完善艺术品的鉴定、评估和交易等环节，提高艺术品市场的透明度和公正性，为投资者提供更加安全、便捷的投资环境。

此外，随着网络技术的发展和应用，艺术品市场的投资渠道也在不断拓展。数字创意产业可以积极探索线上艺术品交易平台的建设和发展，为投资者提供更加多元化、便捷化的投资选择和服务。这将有助于填补艺术品市场的投资空白，开辟新的投资市场，为投资者实现更高的投资回报提供有力支持。

综上所述，数字创意产业在市场需求方面呈现出多元化、个性化的特点。无论是新媒体时代的通信与文化交融、新文化娱乐的多元化消遣方式、网络文化的引领消费新潮流、旅游互动的文化与旅游深度融合，还是艺术品投资的新机遇，都为数字创意产业的发展提供了广阔的空间和无限的创意可能性。随着技术的不断进步和市场需求的不断变化，数字创意产业将继续保持其创新活力和发展动力，为人们的生活和社会发展带来更加深刻的影响和变革。

8.2.2　消费者购买行为分析

数字创意产品在现代社会已经渗透到人们生活的方方面面，其消费行为也呈现出一定的特点和规律。从广泛的角度来看，数字创意产品的消费需求可以细分为多个层面，而这些层面也反映了消费者对数字创意产品的不同期待和需求。

1. 基础需求的满足

基础需求是数字创意产品消费中最基本的一类需求。这类需求主要涉及一些日常生活中必不可少的数字创意产品，如手机、电脑、平板、电视等。这些产品已经成为现代人生活的基础设施，几乎无处不在，无时无刻不在为人们提供着各种便利。

手机作为现代人随身携带的必需品，已经不仅仅是一个通话工具，而且具备了更多的功能，如拍照、娱乐、支付等。电脑的普及则使得人们可以更加高效地进行工作和学习，同时也为人们提供了更加广阔的娱乐空间。平板则以其轻便、易携带的特点，在娱乐和教育领域得到了广泛的应用。电视作为家庭娱乐中心，也在不断地向智能化、高清化方向发展。

这些基础需求的满足，是数字创意产品消费行为的重要组成部分。消费者在选择这些产品时，会注重产品的性能、品质、价格等因素，以期获得更好的使用体验。

2. 特定消费需求的追求

除了基础需求之外，消费者还有特定的消费需求。这类需求通常涉及一些特定领域的数字创意产品，如音乐、电影、新闻等。这些产品能够满足消费者在特定领域的兴趣爱好和需求，为他们提供更加丰富多样的生活体验。

例如，音乐爱好者会选择购买高品质的音乐播放器和音乐软件，以获得更好的音质和更丰富的音乐资源。电影爱好者则可能会选择购买高清电视或投影仪，以及专业的视频播放软件，来享受更加震撼的观影体验。新闻爱好者则可能会选择订阅各种新闻应用或购买电子阅读器，以获取最新的新闻资讯和更好的阅读体验。

这些特定消费需求的满足，需要数字创意产品提供商提供更加专业、个性化的产品和服务。只有这样，才能满足消费者日益多样化的需求，赢得他们的信任和忠诚。

3. 社交需求的实现

在数字化时代，人们的社交方式也发生了翻天覆地的变化。传统的面对面社交方式已经逐渐被数字化的社交方式所取代，如社交软件、网络游戏等。这些数字创意产品为消费者提供了更加便捷、高效的社交方式，使得人们可以跨越地域和时间的限制，随时随地与亲友保持联系。

社交软件（如微信、QQ等）已经成为现代人生活中必不可少的社交工具。通过这些软件，人们可以发送文字、语音、视频等信息，与亲友进行实时互动。网络游戏则以其独特的互动性和娱乐性，吸引了大量年轻消费者的关注。在游戏中，玩家可以与来自世界各地的玩家进行互动和竞技，体验不一样的社交乐趣。

这些社交需求的实现，需要数字创意产品提供商不断创新和改进产品功能和服务。只有提供更加便捷、高效、有趣的社交方式，才能吸引更多消费者的关注和参与。

4. 新鲜感需求的满足

随着科技的不断发展，数字创意产品也在不断地推陈出新。一些新颖、有趣、创新的数字创意产品（如VR和AR技术、智能家居产品等）以其独特的魅力和创新性，吸引了大量消费者的关注。

VR和AR技术为消费者带来了全新的沉浸式体验。通过这些技术，消费者可以身临其境地感受到虚拟世界中的一切，获得前所未有的娱乐和学习体验。智能家居产品则以其智能化、便捷化的特点，为消费者提供了更加舒适、安全的家居环境。

这些新鲜感需求的满足，需要数字创意产品提供商具备强大的创新能力和敏锐的市场洞察力。只有不断推出新颖、有趣、创新的数字创意产品，才能满足消费者日益增长的新鲜感需求，赢得市场的青睐。

此外，在数字创意产品的消费行为中，还存在一些其他的特点和规律。例如，消费者对数字创意产品具有高度依赖性。一旦停止使用某些数字创意产品，可能会导致无法正常工作或与外界失去联系等问题。这种依赖性也促使消费者在选择数字创意产品时更加谨慎和挑剔。

同时，数字创意产品的消费者通常追求时尚和潮流。他们喜欢购买新潮的数字创意产品，并在社交媒体上展示自己的购买成果和使用体验。这种追求时尚的心理也促使数字创意产品提供商不断推出符合时尚潮流的新品来满足消费者的需求。

个性化需求也是数字创意产品消费的重要特点之一。消费者希望通过设备硬件、软件等多方面的个性化定制来满足自己独特的需求和品位。这也促使数字创意产品提供商提供更加多样化、可定制的产品和服务来满足消费者的个性化需求。

最后，价格也是影响数字创意产品消费行为的重要因素之一。虽然数字创意产品具有很多优点和便利性，但相对来说价格也比较昂贵。因此，消费者在选择数字创意产品时会关注价格因素，并对价格敏感。这也促使数字创意产品提供商在制定价格策略时更加谨慎和合理，以激发更多消费者的购买意愿。

综上所述，数字创意产品的消费行为具有一定的特点和规律，包括基础需求、特定消费需求、社交需求、新鲜感需求等多个方面。同时，消费者还表现出依赖性、追求时尚、个性化需求和价格敏感等特点。这些特点和规律为数字创意产品提供商提供了重要的市场信息和指导方向，有助于他们更好地满足消费者的需求并赢得市场份额。

8.2.3 消费者购买决策过程

在数字化浪潮的席卷下，互联网以一种前所未有的姿态崭露头角，它不仅重塑了消费者与品牌之间的接触方式，更深刻地改变了市场营销的经济内涵，使得诸多传统的营销战略和结构在数字时代的大潮中显得捉襟见肘，甚至失去了往日的效力。

过去，营销人员在构思消费者与品牌的交汇点时，总是习惯于依赖那个广为人知的漏斗模型。在这个模型中，消费者的品牌选择过程被形象地描绘为一个不断收窄的漏斗：起初，众多品牌如同繁星般在漏斗的宽口端闪烁，然后随着消费者的筛选和比较，这些品牌逐渐沿着漏斗壁向下滑落，直至最终只有一个品牌脱颖而出，成为消费者的最终选择。而企业则在这个过程中精心布置少数几个关键的接触点，借助付费媒体的推力，开展各种营销活动，以期在消费者心中建立起品牌的知名度，吸引他们的注意力，并最终激发他们的购买欲望。

然而，数字化时代的来临使得消费者与品牌之间的联系变得愈发复杂和动态，而传统的漏斗模型显然已经无法准确描绘这一变化。于是，在2009年，麦肯锡公司的戴维·考特携手其他三位作者，提出了一个全新的模型——"消费者决策历程"（CDJ），以更细致入微的视角来剖析消费者与品牌之间的纠葛。

在"消费者决策历程"的框架下，消费者的购买决策过程被划分为四个截然不同的阶段：考虑、评估、购买，以及享受、推介和建立纽带。这四个阶段相互交织，共同构成了消费者与品牌之间丰富多彩的故事。

在考虑阶段，消费者如同探险家般在茫茫品牌海洋中探寻自己的目标。他们可能会因为各种原因（比如朋友的推荐、社交媒体的热门话题或是自己的偶然发现）而初步接触到一些品牌。这个阶段消费者的品牌选择范围相对较广，但与漏斗模型不同的是，如今的消费者往往从一开始就会对考虑范围内的品牌进行初步的筛选和缩减。

紧接着进入评估阶段，消费者摇身一变成了侦探，他们开始从各种渠道（如同事、评论家、零售商，以及相关品牌和竞争品牌）那里搜集信息，以进一步了解自己初步考虑的品牌。在这个过程中，他们最初的品牌选择范围常常会因为新信息的加入而不断扩大，同时也会因为某些品牌的淘汰而逐渐缩小。随着信息的不断累积和选择标准的调整，消费者通常会把一些新的品牌加入考虑范围，同时也会剔除一些原先考虑的品牌。

到了购买阶段，消费者已经完成了对品牌的深入了解和比较，他们开始准备做出最终的购买决策。然而，在这个关键时刻，越来越多的消费者选择将决策留到最后一刻——在店内或是线上购物车里——才最终敲定。而且，即便是在这最后的关头，他们也很容易因为各种原因（比如价格、促销活动，或是店内陈列）而改变主意，放弃原本的购买计划。

最后一个阶段是享受、推介和建立纽带阶段。在购买产品后，消费者并不会与品牌断绝联系，相反，他们会通过与产品的互动以及新的在线接触点，与品牌建立起更加深厚的纽带。如果消费者在使用产品的过程中感到满意，他们很可能会将这份喜悦分享给亲朋好友，甚至在社交媒体上公开发表好评和推荐。而当消费者与品牌之间建立起足够牢固的纽带时，他们就会完全跳过考虑和评估这两个阶段，直接进入享受—推介—购买的循环历程，成为品牌的忠实拥趸和自发传播者。

"消费者决策历程"对市场营销的深远影响不言而喻。首先，它要求营销人员转变思维方式，不再仅仅关注如何分配电视、广播、网络等各个媒体渠道的开支，而是要以消费者决策历程中的各个阶段为目标，全面而深入地了解消费者的需求和行为。其次，传统的付费媒体虽然仍具有一定的价值，但在数字化时代的大背景下，企业营销人员还必须重视自有媒体和免费媒体的作用。这些媒体平台不仅可以帮助企业与消费者建立更紧密的联系，还能够以更低的成本实现品牌的广泛传播。

此外，要制定和实施以"消费者决策历程"为导向的营销战略，企业还需要在资源配置上做出相应的调整。除了传统的营销预算外，企业还需要增加"非营运性"开支预算，用于获取人员和技术支持，以制作和管理大量渠道内容以及监督或参与这些渠道的运营。同时，企业营销部门也需要扮演新的角色，不仅要成为品牌故事的讲述者和传播者，更要成为消费者与品牌之间纽带的建立者和维护者。

在数字化时代的大背景下，营销人员面临的种种变化是根本性的而非渐进性的。消费者对品牌的认识在决策历程中始终扮演着重要的角色，但随着数字化接触点在信息覆盖范围、传播速度和互动性方面的飞速发展，企业必须更加关注消费者的品牌体验，并指派高管进行专门的管理和监督。只有这样，企业才能在数字化浪潮中立于不败之地，与消费者共同谱写品牌发展的新篇章。

8.3 数字创意产业的竞争格局与主要企业

8.3.1 数字创意产业的竞争格局

基于产业经济学中经典的G-K产业生命周期模型，即引入期、大量进入期、稳定期、大量退出期和成熟期五个阶段的理论框架，我们发现，全球数字创意产业经过两次世界大战的洗礼后，自1950年起踏上了恢复与发展的征程。令人瞩目的是，数字创意产业的细分行业类别从最初的14类迅速裂变扩展至110类，不仅产业规模持续扩张，产业结构也日益完善，产业的战略优势逐渐凸显。

在1950年至1986年这一时期，全球数字创意产业处于生命周期的"恢复发展期"。这一阶段与新产业的"引入期"相似，全球数字创意产业上市公司以年均24.42家的速度稳步增长，至1986年总数已达到951家。1987年至1999年，全球数字创意产业迎来了"大量进入期"。1987年，上市公司数量首次突破1 000家大关，并在短短的12年间激增至3 540家，增长率高达330%，年均增长达206家。这一时期被誉为数字创意产业的"黄金十年"。

进入21世纪，全球数字创意产业的发展步伐逐渐稳健。从2000年至今，该产业基本进入了生命周期的"稳定期"。尽管在2000年至2012年间，上市公司数量从3 587家增加至历史最高峰的4 074家，但增长速度已明显放缓，年均增长率仅为1.1%。值得注意的是，这一时期也经历了互联网泡沫的破灭和全球金融危机的冲击，但数字创意产业仍展现出了较强的韧性。自2012年后，上市公司数量出现了小幅下滑，但总体来看，这一阶段的产业发展呈现出平稳态势，符合稳定期的典型特征。

从八大数字创意产业强国的生命周期来看，各国的发展阶段和特征各不相同。美国在1999年前展现出了明显的"口红效应"，在经历了10年的退出期后，于2010年开始企稳，并逐步向成熟期过渡。英国在2005年前持续保持增长势头，随后进入退出期，但在2012年出现了向成熟期过渡的迹象。法国在2000年前处于大量进入期，之后转入稳定期，并在2012年后步入平缓的退出期。德国在2000年达到上市公司数量的峰值后，经历了两个阶段的稳定期，同样在2012年后进入了平缓的退出期。日本在2006年达到上市公司数量的高点后，至今仍处于稳定期。韩国虽然受到了金融危机的冲击，但总体上仍处于进入期。印度在2010年达到峰值后，目前处于稳定期。而中国作为全球数字创意产业的新兴力量，目前正处于大量进入期向稳定期的过渡阶段。

美国、日本、英国、中国、德国、法国、韩国七个国家占全球文化创意产业纳税金额百强榜总数的83.8%。美国、中国、韩国增势明显，日本、法国呈震荡下行态势。中国从16.56亿元激增到36.06亿元，总增幅达到117%，增速全球第一。

近年来，全球数字创意产业在研发投入方面呈现出稳步上升的趋势，这一现象在多方面数据中均有所体现。根据不完全统计，这里仅涵盖了那些公开披露相关数据的上市公司,2016年全球数字创意产业上市公司的研发投入平均值已经攀升至6.99亿元人民币的新高。与2012年的5.31亿元相比,这一数字增长了惊人的31.64%。同时,研发费用在公司总营收中的占比也从2012年的7.26%上升至8.48%,这进一步印证了数字创意产业对创新研发的重视和投入在不断增加。

处于第一梯队的是那些研发投入超过100亿元人民币的巨头企业,共有11家光荣入选,其中投入最高的是电商巨擘Amazon,其研发费用高达惊人的1 068.75亿元人民币。紧随其后的是第二梯队,这些企业的研发费用在10亿至100亿元人民币之间,共有54家企业位列其中。而第三梯队则包括了研发投入在10亿元人民币以下的企业,共有35家。这种梯队分布不仅揭示了企业间在研发投入上的巨大差异,也反映了数字创意产业内部的多样性和复杂性。

值得注意的是,这些企业在国家和行业分布上展现出了显著的不均衡性。美国以48家入围企业的数量遥遥领先于其他国家或地区,这无疑彰显了美国在数字创意产业研发领域的强大实力和深厚底蕴。从行业分布来看,26家企业属于文化软件和服务行业,这一行业在研发投入上的活跃程度可见一斑。而在十强企业中,互联网服务和通信设备行业的企业更是"势均力敌",各有3家占据一席之地。此外,百强企业的分布区域也呈现出一种先扩散后集中的趋势,这似乎预示着文化市场竞争态势的进一步加剧。

另外,全球数字创意产业上市公司在研发投入占比上的均值差异也十分显著。欧美地区的研发投入占比普遍较高,其中加拿大和美国的数字创意产业上市公司研发投入占比均值更是分别高达16.73%和11.45%。相比之下,亚洲地区在研发投入上则显得相对不足。尽管中国每年入围全球文创研发投入百强的企业数量维持在9至11家,但研发投入占比均值仅为8.39%,与发达国家相比仍有很大的提升空间。

进一步聚焦到六个核心数字创意行业的生命周期，新闻出版行业总体已开始进入大量退出期阶段，面临着数字化转型和市场竞争的双重挑战。电影行业在经历了两个阶段的快速发展后，正由稳定期向退出期变迁，需要寻找新的增长点和创新路径。广播电视行业在经历了20多年的高速发展后，自2011年后开始进入退出期，面临着新媒体的冲击和观众习惯的改变。网络文化行业则经历了两次跃迁，目前已基本处于稳定期阶段，但仍需不断创新以适应快速变化的市场需求。广告服务行业在数量和比重上持续上升，2014年后进入稳定期，但仍需关注行业内部的竞争格局和变化趋势。家庭娱乐行业在20世纪90年代经历了爆发式增长，经过大量退出期后已进入成熟期阶段，面临着技术升级和消费者需求多样化的挑战。

综上所述，全球数字创意产业在经历了长达70年的发展历程后，已形成了庞大的产业规模和复杂的产业结构。虽然各国和各行业的发展阶段和特征各不相同，但从整体上看，数字创意产业仍具有巨大的发展潜力和战略意义。在未来的发展中，各国和各行业应结合自身实际情况和市场需求，制定科学合理的发展战略和政策措施，以推动数字创意产业持续健康发展。

8.3.2 数字创意产业的主要企业

根据华东政法大学传播学院文化产业研究所、同济大学人文学院艺术与创意产业研究所联合研究团队合作出版的《全球文化创意产业上市公司发展报告》，在数字创意产业的激烈竞争中，全球各大知名企业纷纷展现出强大的实力，其中美国Apple公司和AT&T公司轮流领跑，成为行业的佼佼者。同时，康卡斯特、微软、迪士尼、Alphabet、脸书、亚马逊等美国科技巨头也稳居百强前列，展现出美国在全球数字创意产业中的领先地位。

不仅如此，韩国三星集团和日本索尼公司等亚洲知名企业也在百强榜单中占据一席之地，这充分说明了亚洲在全球数字创意产业中的崛起趋势。这些企业凭借卓越的创新能力和精湛的技术实力，不断推出具有全球影响力的产品和服务，为全球数字创意产业的发展做出了重要贡献。

在广播电视业方面，入围百强的企业数量超过20家，显示出该行业在全球数字创意产业中的领先地位。然而，需要注意的是，互联网服务产业链入围百强的企业数量合计达到了30家，这包括上游的无线通信服务，中下游的互联网信息服务、旅游服务、在线游戏以及电子商务等领域。这一数据表明，互联网服务产业正在对广播电视业形成合围之势，两者之间的竞争愈发激烈。

无线通信服务企业纷纷进行战略转型，进军媒体、内容和娱乐领域，已成为数字创意产业的新霸主。这些企业通过整合自身优势资源，不断创新业务模式，为用户提供更加丰富的娱乐体验。相比之下，影视娱乐行业虽然在数量上有所震荡，但业绩普遍下滑，出版行业也显得维持乏力。这可能与市场饱和、竞争加剧以及用户需求变化等因素有关。

值得注意的是，美国连续五年称霸百强榜单，且有不断增强的趋势。美国超级巨头在全球范围内构建数字创意全球价值链体系，对世界市场形成巨大的"虹吸效应"。这些企业通过全球化战略，不断拓展海外市场，提升品牌影响力，进一步巩固了美国在全球数字创意产业中的领导地位。

相比之下，中国文化创意产业上市公司在百强榜单中的表现仍有待提升。虽然龙文化指数排名全球第七，百强排名也达到了全球第四，但入围企业数量依然较少，2016年仅有9家公司入围，仅是美国入围公司数量的

20.93%。这表明中国文化创意产业在全球市场中的竞争力仍有待提高。

此外，中国文化创意产业巨头的营业收入几乎全部来自本土市场，海外收入占比极低，缺少能够撼动世界市场的超级影响力企业。这可能与中国文化创意产业的国际化程度较低、品牌影响力不足等因素有关。因此，中国文化创意产业需要进一步加强品牌建设、拓展海外市场、提升国际化水平，以在全球数字创意产业中取得更好的成绩。

同时，中国入围百强企业基本都集中在无线通信服务、互联网等文化创意产业价值链传输分发与销售等中下游环节，而在文化创意产业核心的内容生产环节则无一入围。这表明中国文化创意产业在内容创新方面仍有很大的提升空间。为了缩小与世界传统文化强国的差距，中国文化创意产业需要加大内容创新力度、提高原创能力、推动产业升级和转型。

数字创意
未来产业的无限可能

第九章
数字创意产业的商业模式

9.1 传统的商业模式与创新

在当下这个信息化、数字化的时代，创意产业以其独特的魅力和无限的潜力，成为推动经济发展的重要力量。特别是数字创意产业，它融合了数字技术与创意思维，为我们带来了前所未有的产品体验和娱乐享受。本节将详细探讨数字创意产业的商业模式，主要从产品设计和创造、分发和传播、经营和盈利这三个核心方面展开。

9.1.1 产品设计和创造：数字技术与创意的完美融合

数字创意产业的产品设计和创造过程，是数字技术与创意思维的完美结合。这一过程不仅涉及技术的运用，更关乎创意的发掘和表达。在数字化技术的支持下，创意人员可以将脑海中的想象转化为具体的产品，如电影、游戏、音乐、设计等。

1. 影视制作中的数字技术

以电影为例，现代电影制作已经离不开数字化技术。从前期的剧本创作、角色设计，到中期的拍摄、特效制作，再到后期的剪辑、音效处理，数字化技术都发挥着至关重要的作用。它使得电影制作更加高效、便捷，同时也为电影创作者提供了更广阔的创意空间。以电影《阿凡达》为例，这部科幻巨作自始至终都浸润在数字化技术的光辉之中，充分展现了现代电影制作与数字化技术的紧密结合。在前期剧本创作阶段，制作团队运用数字化工具进行故事板的设计，将每一个场景、每一个动作都预先进行数字化的模拟与规划。这种数字化的剧本创作方式不仅提高了工作效率，还使得导演和编剧能够更直观地看到故事呈现的效果，从而进行有针对性的修改和完善。

进入角色设计阶段，数字化技术更是发挥了无可替代的作用。在《阿凡达》中，观众所看到的蓝色皮肤、高大身材的纳美人以及奇特的外星生物，都是通过数字化角色设计技术创造出来的。设计师运用专业的数字化软件，精心雕琢每一个角色的形象，赋予他们独特的个性和生命力。

在拍摄阶段，数字化技术同样大放异彩。通过使用高清数字摄像机进行拍摄，制作团队捕捉到了演员们最细微的表情和动作，为后期的特效制作提供了丰富的素材。此外，数字化技术还使拍摄过程中的场景切换、角度变换等变得更加灵活和高效。

到了特效制作阶段，数字化技术的作用更是发挥到了极致。在《阿凡达》中，观众所看到的茂密的原始森林、悬浮的山脉以及震撼的战斗场面，都是通过数字化特效技术制作出来的。特效师运用先进的数字化软件，将虚拟的场景与真实的拍摄素材进行完美的融合，创造出令人叹为观止的视觉效果。

在后期剪辑和音效处理阶段，数字化技术同样功不可没。通过专业的数字化剪辑软件，制作团队将拍摄好的素材进行精确的剪辑和拼接，使整个故事更加流畅和紧凑。同时，音效师运用数字化音频处理技术，为电影配备了震撼人心的音效和配乐，使观众在观影过程中能够获得更加沉浸式的体验。

2.游戏制作中的数字技术

在游戏领域，数字化技术同样发挥着举足轻重的作用。现代游戏已经不再是简单的娱乐工具，而是成为具有高度互动性和沉浸感的虚拟世界。游戏开发者利用数字化技术，可以创造出逼真的游戏场景、丰富的游戏角色和引人入胜的游戏情节，为玩家提供前所未有的游戏体验。以游戏《荒野大镖客：救赎2》为例，这款游戏以其超高的真实度和沉浸感，让玩家仿佛置身于19世纪末的美国西部世界。这正是数字化技术在游戏领域发挥举足轻重作用的绝佳体现。

首先，在场景构建上，《荒野大镖客：救赎2》凭借先进的数字化技术，打造了一个庞大且栩栩如生的开放世界。从茫茫草原到雪山之巅，从繁华城镇到荒凉矿洞，每一个场景都细致入微，充满了真实感。玩家可以自由地探索这个世界，感受风吹草动、雨雪交加的自然变化，这种体验让人仿佛真的穿越到了那个时代。

其次，在角色塑造上，数字化技术同样功不可没。游戏中的主角亚瑟·摩根以及其他众多角色，都有着丰富的背景故事和鲜明的性格特点。通过先进的面部捕捉技术和动作捕捉技术，开发者让这些角色在游戏中活灵活现地呈现出来，他们的表情、动作甚至是眼神都充满了真实感，让玩家更容易产生情感共鸣。

再次，在情节设计上，《荒野大镖客：救赎2》也充分利用了数字化技术的优势。游戏中的主线任务和支线任务交织在一起，构成了一个错综复杂又逻辑严密的故事网。通过数字化的脚本设计和事件触发机制，开发者为玩家呈现了一个个引人入胜的故事情节。这些情节不仅让游戏更加耐玩，也让玩家在游戏中体验到了前所未有的叙事深度。

此外，数字化技术还为游戏的互动性提供了有力支持。《荒野大镖客：救赎2》中的世界是动态的、可互动的。玩家可以与NPC进行交谈、交易，甚至是发生战斗；可以驾驶马车在草原上狂奔，也可以在河中捕鱼、在林中打猎。这些高度互动的游戏元素让玩家在游戏中获得了更大的自由度和更深的沉浸感。

3. 音乐制作中的数字技术

数字化音乐制作软件和设备使音乐创作更加便捷和高效，同时也为音乐创作者提供了更多的音乐风格和表现形式。而数字化设计工具则使设计师能够轻松地将创意转化为具体的视觉形象，为我们的生活增添更多的色彩和美感。

以数字化音乐制作软件Ableton Live为例，这款软件以其强大的功能和灵活性，深受音乐创作者的喜爱。通过Ableton Live，音乐人可以轻松地录制、编辑和混音，实现音乐创作的全流程数字化。软件内置了丰富的音效库和采样器，使音乐创作者可以方便地调用各种音色和节奏，从而探索出更多样化的音乐风格和表现形式。此外，Ableton Live还支持实时演奏和即兴创作，让音乐人在创作过程中能够更直观地感受到音乐的流动和变化，进一步激发了他们的创作灵感。

4. 设计领域的数字技术

在设计领域，数字化设计工具同样展现出了其巨大的优势。以Adobe系列软件为例，这些软件已经成为设计师不可或缺的工作伙伴。通过Photoshop，设计师可以轻松地对图片进行编辑和处理，实现各种惊艳的视觉效果；而Illustrator则让矢量图形的绘制变得简单而高效；InDesign则是排版设计的利器，让设计师能够快速地将文字和图片组合成美观的版面。这些数字化设计工具不仅提高了设计师的工作效率，更重要的是为设计师提供了无限的创意空间。设计师可以利用这些工具将脑海中的创意转化为具体的视觉形象，为我们的世界增添更多的色彩和美感。

9.1.2 分发和传播：互联网平台的强大助力

数字创意产业的分发和传播主要依赖于互联网平台。这些平台包括视频网站、游戏平台、音乐音像平台等，它们利用互联网的便捷性和全球化的覆盖面，将创意产品快速、广泛地传播给广大用户。

1. 视频网站

视频网站是现代人获取影视内容的主要渠道之一。通过视频网站，用户可以随时随地观看各种电影、电视剧、综艺节目等。这些网站不仅提供了丰富的视频内容，还为用户提供了个性化的推荐服务，使得用户能够更轻松地找到自己喜欢的视频内容。

以国内知名的视频网站爱奇艺为例，它已经成为现代人获取影视内容的重要窗口。无论是在家中、办公室还是外出旅行，只要有网络连接，用户就能通过爱奇艺随时随地观看心仪的电影、电视剧、综艺节目等。这一便利的观影方式彻底打破了传统电视和影院的时空限制，极大地丰富了人们的娱乐生活。

爱奇艺不仅拥有海量的视频内容库，涵盖了国内外众多热门影视作品，还通过精细化的分类和标签系统，为用户提供了便捷的内容检索功能。用户可以根据自己的喜好，轻松找到想要观看的视频内容。无论是经典老片，还是最新上映的大片，在爱奇艺上都有一席之地。

更为出色的是，爱奇艺还具备个性化的推荐服务。基于用户的观影历史、搜索记录以及行为偏好，爱奇艺能够智能地推荐符合用户口味的视频内容。这种个性化的推荐不仅提高了用户发现新内容的效率，也让用户的观影体验更加贴心和个性化。

此外，爱奇艺还通过不断的技术创新和优化，提升了视频播放的流畅度和清晰度。无论是在高速网络还是低速网络环境下，爱奇艺都能为用户提供稳定、高质量的视频播放服务。这种极佳的观影体验使爱奇艺在众多视频网站中脱颖而出，成为用户首选的影视内容平台。

2. 游戏平台

游戏平台是游戏玩家的聚集地。通过这些平台，玩家可以下载和购买各种游戏，与其他玩家进行在线交流和竞技。游戏平台还为开发者提供了展示和推广自己游戏的机会，使优秀的游戏作品能够被更多的玩家所发现和喜爱。

以全球知名的游戏平台Steam为例，它已成为游戏玩家的圣地。作为一个综合性的游戏服务平台，Steam不仅为玩家提供了海量的游戏资源，还构建了一个充满活力的社区，让玩家能够在这里尽情享受游戏的乐趣。

对于玩家而言，Steam是一个一站式的游戏下载和购买平台。在这里，玩家可以轻松找到各种类型、各种风格的游戏，无论是大型3A级作品，还是独立小众游戏。通过简单的几次点击，玩家就能将心仪的游戏下载到自己的电脑上，随时随地开启游戏之旅。同时，Steam还经常举行各种促销和打折活动，让玩家能够以更优惠的价格购买到心仪的游戏。

除了游戏资源外，Steam还为玩家提供了一个与其他玩家交流和竞技的平台。在这里，玩家可以加入各种游戏社区，与志同道合的伙伴一起讨论游戏策略、分享游戏心得。此外，Steam还支持在线多人游戏功能，让玩家能够与全球各地的玩家一较高下，体验竞技的乐趣。

对于游戏开发者而言，Steam则是一个展示和推广自己游戏的绝佳舞台。在这里，开发者可以将自己的作品呈现给全球数百万的玩家，通过玩家的反馈和评价不断优化和完善游戏。同时，Steam还为开发者提供了丰富的营销和推广工具，帮助他们更好地宣传自己的游戏作品，吸引更多的玩家关注和购买。

3. 音乐音像平台

音乐音像平台则是音乐爱好者的天堂。在这里，用户可以听到各种类型的音乐，了解音乐人的动态和作品信息。这些平台还为音乐人提供了展示自己才华和作品的舞台，使得他们能够更好地与粉丝进行互动和交流。

以国内颇受欢迎的音乐音像平台网易云音乐为例，它无疑是音乐爱好者的天堂。在这个平台上，用户可以轻松地探索到各种类型的音乐，无论是流行音乐、古典音乐，还是民谣、电子音乐等，都能在这里找到。

网易云音乐不仅提供了海量的音乐资源，还为用户打造了一个深入了解音乐人和其作品的窗口。在这里，用户可以关注自己喜欢的音乐人，及时获取他们的最新动态和作品信息。每当音乐人发布新歌或开展音乐活动时，用户都能第一时间收到通知，感受到与音乐人之间的紧密联系。

对于音乐人而言，网易云音乐更是一个展示自己才华和作品的绝佳舞台。在这个平台上，音乐人可以上传自己的原创作品，与全球的听众分享自己的音乐梦想和故事。通过网易云音乐的推荐算法，优秀的音乐作品还能够被更多的用户所发现和喜爱。

更重要的是，网易云音乐还为音乐人和粉丝之间搭建了一座互动的桥梁。在这里，音乐人可以与粉丝进行直接的交流和互动，了解他们的喜好和需求，从而创作出更加贴近人心的音乐作品。而粉丝也可以通过评论、点赞、分享等方式，表达自己对音乐人和其作品的喜爱和支持。

9.1.3 经营和盈利：多元化商业模式的探索与实践

1. 数字创意产业的经营和盈利方式

数字创意产业的经营和盈利方式多种多样，主要包括广告营销、付费订阅、特许经营等。这些商业模式为数字创意产业提供了稳定的收入来源，同时也推动了产业的持续发展和创新。

（1）广告营销

广告营销是数字创意产业中最常见的盈利方式之一。通过在产品中植入广告或进行品牌推广，企业可以获得可观的广告收入。这种盈利方式不仅适用于大型企业，也为中小企业提供了更多的发展机会。

以知名社交媒体平台微博为例，广告营销在其盈利模式中占据了举足轻重的地位。微博拥有庞大的用户群体和高度活跃的社交环境，这使得它成为众多企业进行品牌推广和广告投放的理想选择。

在微博上，企业可以通过多种形式进行广告营销。一种常见的方式是植入式广告，即企业将广告信息巧妙地融入用户的日常内容中。例如，一位时尚博主在分享穿搭时，可能会佩戴某个品牌的饰品或穿着该品牌的服装，并在文案中提及品牌信息。这种广告形式既不会过于突兀，又能有效地将品牌信息传递给潜在消费者。

除了植入式广告，微博还提供了品牌推广的定制化服务。企业可以与微博合作，开展品牌推广活动，如话题挑战、品牌日等。通过精准定位目标用户群体，并结合微博的社交属性，这些品牌推广活动往往能够引发用户的广泛参与和讨论，从而显著提升品牌知名度和影响力。

这种广告营销模式不仅适用于大型企业，也为中小企业提供了宝贵的发展机会。微博的广告投放平台相对开放和透明，中小企业可以根据自身的预算和目标受众，选择适合的广告形式和投放策略。通过精准的广告定位和富有创意的内容策划，中小企业同样能够在微博上达到良好的品牌推广效果。

广告营销作为数字创意产业中的一种重要盈利方式，为企业提供了多样化的品牌推广和广告投放选择。无论是大型企业还是中小企业，只要能够巧妙地运用广告营销策略，都有机会在激烈的市场竞争中脱颖而出。

（2）付费订阅

付费订阅则是另一种重要的盈利方式。许多视频网站、音乐音像平台等都采用了付费订阅模式，用户需要支付一定的费用才能享受更高级的服务或获取更多的内容。这种模式不仅可以为企业带来稳定的收入流，还可以提高用户的黏性和忠诚度。

以全球知名的视频流媒体平台Netflix（奈飞）为例，付费订阅模式已经成为其最为核心的盈利方式之一。在这个平台上，用户可以通过支付月费或年费来享受各种电影、电视剧、纪录片等高质量的视频内容。与免费平台相比，Netflix提供的视频内容不仅数量庞大，而且质量上乘，涵盖了从经典老片到最新大片的全方位选择。

用户选择付费订阅Netflix，主要是因为它提供了一站式的观影体验。用户无须在不同的平台或网站上搜索和筛选内容，只需打开Netflix应用，就能轻松找到自己喜欢的视频。同时，Netflix还根据用户的观影历史和偏好，智能推荐相似的作品，进一步提升了用户的观影体验。

对于企业而言，付费订阅模式带来了稳定的收入流。与广告收入相比，付费订阅收入更加可靠和可持续，因为用户一旦订阅，就会在一定时期内持续支付费用。这种稳定的收入来源有助于企业更好地规划和发展自己的业务。

此外，付费订阅模式还提高了用户的黏性和忠诚度。用户一旦开始付费订阅，就会更倾向于在这个平台上观看视频，因为他们已经投入了金钱和时间。同时，随着用户在平台上观看的内容越来越多，他们对平台的依赖和喜爱也会逐渐增加。这种黏性和忠诚度对于企业的长期发展至关重要。在数字娱乐产业中，付费订阅已经成为一种趋势和主流盈利模式。

（3）特许经营

特许经营则是一种更为特殊的盈利方式。它允许其他企业或个人使用某个知名品牌或经营模式进行经营活动，并支付一定的费用给品牌所有者。这种模式在数字创意产业中也得到了广泛的应用，如一些知名游戏或动漫品牌的特许经营店等。

以全球知名的动漫品牌迪士尼为例，特许经营在其业务模式中占据了重要地位。迪士尼拥有众多深受全球消费者喜爱的动漫角色和故事，如米奇、米妮、唐老鸭等。这些角色和故事不仅成为迪士尼的标志性符号，也为其带来了无尽的商业价值。

迪士尼通过特许经营的方式，允许其他企业或个人使用其知名品牌和经典角色进行经营活动。例如，在世界各地的购物中心或旅游景点，我们都可以看到迪士尼的特许经营店。这些店铺出售各种与迪士尼角色相关的商品，如玩具、服装、文具等，都深受消费者的喜爱。

对于想要加入迪士尼特许经营体系的企业或个人来说，需要支付一定的费用给迪士尼作为品牌使用费。这些费用通常包括加盟费、管理费以及商品销售提成等。通过这种方式，迪士尼不仅获得了稳定的收入来源，还成功地将自己的品牌和经典角色推广到了全球各地。

而对于那些获得特许经营权的企业或个人来说，可以利用迪士尼的知名度和品牌影响力，快速吸引消费者并获得商业成功；同时还可以从迪士尼那里获得全面的支持和指导，包括店铺选址、装修设计、商品采购以及营销策略等方面的帮助。

特许经营是一种在数字创意产业中广泛应用的盈利方式。它以品牌为核心，通过授权经营的方式实现品牌价值的最大化。在迪士尼的案例中，我们可以看到特许经营如何成功地将一个动漫品牌发展成为全球性的商业帝国。

除了以上三种主要的盈利方式外，数字创意产业还在不断探索和实践其他新的商业模式。例如，VR和AR技术的兴起为数字创意产业带来了新的发展机遇。通过这些技术，用户可以更加深入地沉浸在虚拟世界中，享受更加真实和震撼的体验。这为数字创意产业提供了新的产品和服务形式，也带来了新的盈利机会。

2. 人工智能技术的商业应用

随着人工智能技术的不断发展，数字创意产业也开始尝试利用这些技术进行内容创作和推广。例如，一些音乐平台已经开始使用人工智能算法进行歌曲推荐和个性化播放列表的制作；一些游戏开发者也开始尝试利用人工智能技术进行游戏角色设计和行为模拟；等等。这些尝试不仅提升了产品的质量和用户体验,也为数字创意产业带来了新的商业机会和发展空间。

以音乐平台为例,许多领先的音乐服务提供商已经开始利用人工智能算法进行个性化歌曲推荐和播放列表的制作。比如,Spotify(声田)作为全球最大的音乐流媒体服务平台之一,其"Discover Weekly"(每周新发现)功能就是一个典型的例子。该功能通过分析用户的听歌历史、歌曲偏好、听歌时间以及歌曲风格等多维度数据,再结合机器学习算法,为用户生成一份每周更新的个性化歌曲推荐列表。这种推荐方式不仅极大地丰富了用户的音乐体验,也有效地提高了用户的黏性和平台的日活量。

类似地,网易云音乐也推出了"每日推荐"功能。该功能基于用户的听歌行为和喜好,利用深度学习技术为用户推荐符合其口味的歌曲。此外,网易云音乐还通过与用户的社交互动,比如评论、点赞和分享等,进一步细化和优化推荐算法,使推荐结果更加精准和个性化。这种以用户为中心的服务模式不仅提升了用户的满意度和忠诚度,也为网易云音乐带来了更多的流量和收入。

在游戏领域,人工智能的应用同样广泛而深入。一些游戏开发者已经开始尝试利用人工智能技术进行游戏角色设计和行为模拟等。比如,在游戏《底特律:变人》中,开发者就利用了先进的人工智能技术来模拟游戏中角色的情感和行为反应。这些角色不再是简单的预设程序的执行者,而是能够根据游戏中的情境和玩家的行为做出真实而自然的反应。这种高度智能化的角色设计不仅极大地增强了游戏的沉浸感和趣味性,也为游戏行业树立了新的标杆。

除了角色设计外,人工智能还在游戏的其他方面发挥着重要作用。比如,在游戏《守望先锋》中,开发者就利用机器学习算法对玩家的游戏行为进行分析和预测，从而实现了更加精准和高效的匹配系统。该系统能够根据玩家的技能水平和游戏风格等因素，将相似水平的玩家匹配到一起，保证了游戏的公平性和竞技性。这种智能化的匹配系统不仅提升了玩家的游戏体验，也为游戏运营商带来了更多的用户留存和收益。

3. 数字创意产业的商业模式

商业模式在当今的商业环境中扮演着至关重要的角色。自提姆斯首次提出"商业模式"的定义以来，它已被广泛认为是一个由产品流、服务流和信息流等构成的系统化流程。而李振勇则进一步强调了商业模式作为一种整体解决方案的重要性，旨在实现企业利益的最大化和持久的盈利能力。在全球化时代，商业模式已成为决定企业成败的关键因素，其创新被看作是带来战略性竞争优势和推动企业成功的核心驱动力。

商业模式创新的实质在于它不仅仅关注产品或服务本身，而且将焦点放在整个企业活动的各个环节上，形成一套系统化的方案。这种创新方式注重用户需求，将用户置于商业模式的中心，并通过提供价值和满足用户需求来实现企业的增长和盈利。与传统的创新方式相比，商业模式创新更加全面和系统化，它整合了企业内外的各种资源，包括技术、市场、用户等，以形成独特的竞争优势。

在商业模式创新的路径方面，高莉莉提出了从顾客价值、价值链创新和价值网创新三个角度来思考。这种创新路径的核心在于重新构建用户和产品或服务之间的关系逻辑，以提供更好的用户价值和实现商业模式的创新。在数字创意产业中，商业模式的创新尤为突出，主要表现在以下几个方面：

首先，"免费+增值"模式成为数字创意产业的常见商业模式。这种模式通过提供免费的基础服务吸引用户，并通过增值服务实现盈利。这种商业模式的成功在于它能够有效地平衡免费和收费之间的关系，同时满足用户的需求和企业的盈利目标。

其次，"免费+广告"模式也是数字创意产业中常见的商业模式之一。网站通过向用户提供免费的信息服务，同时在页面上展示广告来实现盈利。这种模式的成功在于它能够充分利用网站流量和广告主的需求，实现广告收入和用户服务的良性循环。

再次，"免费+收费"模式也是一种值得关注的商业模式。在这种模式下，网站提供基本的免费内容，但对部分高级内容或特定服务进行收费。这种模式需要网站具备高质量的内容和服务，以吸引用户并激发他们的付费意愿。

随着互联网的不断发展，新的商业模式也在不断涌现。例如，O2O（线上到线下）模式将线上和线下相结合，通过互联网平台将用户引导到线下实体店进行消费。这种模式充分利用了互联网的便捷性和实体店的服务优势，为用户提供了更加便捷和个性化的购物体验。

另外，"软件+硬件"模式也是近年来兴起的一种商业模式。在这种模式下，数字创意企业不仅提供软件服务，还涉足硬件产品的设计和生产。通过整合软件和硬件资源，企业可以为用户提供更加完整和一体化的解决方案，从而增强自身的竞争优势。

值得注意的是，随着科技的进步和创新的发展，一些新兴领域如虚拟现实（VR）和增强现实（AR）也为网络文化产业带来了新的商业模式创新机会。这些技术将硬件技术和网络技术相融合，有望为用户带来全新的使用体验并拓展未来的创新领域。

综上所述，数字创意产业的商业模式是一个多元化、复杂而又充满活力的系统。在这个系统中,产品设计和创造、分发和传播、经营和盈利这三个方面相互依存、相互促进,共同推动着数字创意产业的持续发展和创新。随着技术的不断进步和市场的不断变化,数字创意产业的商业模式还将继续演变和升级,为我们带来更多的惊喜和可能性。

9.2 订阅模式与广告模式

9.2.1 订阅模式

在数字创意产业的视角下，我们可以深刻感受到"软件正在吞噬整个世界"这一预言的震撼力。马克·安德森（Marc Andreeseen）在2011年的这一断言，如今看来，不仅成真，而且影响范围之广、程度之深，远超我们当时的想象。在数字创意产业的浪潮中，软件及其背后的商业模式已经发生了翻天覆地的变化，而这一切的核心，正是订阅模式。

数字创意产业作为新时代经济发展的重要引擎，其涵盖的领域极为广泛，从软件、游戏、影视、音乐，到设计、艺术、教育等，无一不在其辐射范围之内。而在这个大背景下，软件的地位尤为重要。它不仅是数字创意产业的技术基础，更是推动整个产业向前发展的关键力量。

过去，软件被封装在光盘中，通过物流渠道送到消费者手中，或者被刻录在硬盘上、安装在个人电脑上。然而，随着互联网的普及和技术的发展，软件的交付方式发生了根本性的变革。如今，软件已经不再是一个孤立的产品，而是一种服务，一种可以通过网络随时随地访问和使用的服务。这种转变的背后，正是订阅模式的崛起。

订阅模式为软件行业带来了巨大的商业机会和发展空间。它改变了传统软件销售的一次性收费模式，转向持续性的收费模式。这意味着软件开发商需要不断地为用户提供价值，才能保持用户的付费意愿。这种商业模式的转变，不仅提升了软件的质量和用户体验，也加强了软件开发商与用户之间的联系。

同时，订阅模式也在电商领域展现出强大的生命力。在电商平台上，订阅模式为消费者带来了更加便捷、个性化的购物体验。消费者可以定期接收到自己喜爱的品牌、产品和服务，无须再花费大量时间和精力去搜索和筛选。对于商家来说，订阅模式也帮助他们更好地预测需求、管理库存、提高客户留存率和转化率。

值得一提的是，在数字创意产业中，订阅模式还有巨大的潜力未被完全挖掘。例如，在游戏领域，订阅制已经成为一种趋势。玩家可以通过订阅制享受到更多的游戏内容、更好的游戏体验和更优质的服务。而在影视和音乐领域，订阅制也逐渐被接受和推广。用户可以通过订阅制享受到更多的独家内容、高清画质和无广告观看等特权。

通过订阅制，玩家可以享受到更多的游戏内容。游戏开发商会定期推出新的关卡、角色、装备等，为游戏增加新的玩法和挑战。这些额外内容通常是订阅用户独享的，非订阅用户无法获得。这样一来，订阅制不仅提供了持续的游戏更新和扩展，还激发了玩家的探索欲望和游戏兴趣。

除了更多的游戏内容，订阅制还能带来更好的游戏体验。订阅用户通常可以享受到优先登录、低延迟、高帧率等特权，这些优势使得他们在游戏中能够更加流畅、稳定地进行操作，减少了卡顿和延迟等不良影响。这种优质的游戏体验对于竞技类游戏尤为重要，因为它直接关系到玩家的竞争力和游戏结果。

而在影视和音乐领域，订阅制也逐渐被接受和推广。过去，观众和听众需要购买或租赁影片、音乐专辑才能观看或收听。然而，随着流媒体平台的兴起，订阅制成为主流。用户只需支付一定的月费，即可享受到大量的独家内容、高清画质和无广告观看等特权。这种便捷、高效且个性化的服务体验使订阅制在影视和音乐领域迅速赢得了用户的青睐。

综上所述，订阅模式在数字创意产业中展现出巨大的潜力和广阔的发展前景。在游戏领域，它已经成为一种趋势，为玩家带来了更多的游戏内容和更好的游戏体验。而在影视和音乐领域，订阅制也逐渐被接受和推广，为用户提供了更加便捷、高效和个性化的服务体验。随着技术的不断进步和创新，我们可以期待订阅模式在未来数字创意产业中发挥更加重要的作用。

当然，订阅模式的成功并非易事。它需要企业具备强大的技术能力、深厚的用户理解和精细的运营策略。然而，一旦企业掌握了这些要素，订阅模式将成为推动其持续增长的重要动力。

总的来说，订阅模式正在改变着数字创意产业的格局和商业模式。它吞噬着传统的软件市场和电商市场，同时也在创造着新的商业机会和发展空间。对于数字创意产业的企业来说，掌握并利用好订阅模式，将成为其在未来竞争中取得优势的关键。

9.2.2 广告模式

在数字创意产业的璀璨星空中，广告业务模式如同闪耀的星辰，多种多样且各具特色。其中，品牌广告、流量广告和联盟广告是三大主流模式，它们根据广告主和广告媒体的不同特性而异彩纷呈。

1. 品牌广告：传统与创新的融合

品牌广告模式深受传统行业广告主喜爱，其操作思路、方式方法及计费方式都与传统广告有着千丝万缕的联系。这些广告主手握丰厚的广告预算，成为各大互联网媒体公司竞相争夺的焦点。他们注重媒体形象和人群覆盖，倾向于选择行业排名靠前的互联网门户网站和垂直网站进行投放。因此，在这些互联网媒体的广告收入中，品牌广告占比高达80%以上。

品牌广告主作为市场营销的重要推手，其核心目标在于品牌推广。他们深知，一个深入人心的品牌形象，是企业在激烈商战中立于不败之地的关键。因此，他们追求大曝光量，希望通过广告覆盖尽可能多的人群，以此来扩大品牌知名度，提升品牌影响力。

在实际操作中，品牌广告主会采用多种策略来实现这一目标。在结算方式上，他们主要采用包天售卖和按曝光售卖的方式。包天售卖，即广告主按照时间周期购买广告位，确保在特定时间段内获得持续的曝光；按曝光售卖则是根据广告被用户看到的次数来计费，这种方式能更直接地体现广告的传播效果。

为了衡量广告效果，品牌广告还借鉴了传统媒体广告的测量评价方式，如毛评点（GRP）等。这些指标有助于广告主更准确地了解广告的覆盖范围和影响力，从而为他们优化广告策略提供有力依据。

在表现形式上，品牌广告也是丰富多彩、各具特色。横幅、对联、图片、弹出广告以及冠名广告等多样化的形式，使品牌广告能够更好地适应不同的传播场景和用户需求。这些广告多以FLASH动画形式呈现，动态的画面和炫目的效果能有效吸引用户的注意力，让他们在浏览网页的同时，也能感受到品牌的魅力。然而，品牌广告并非完全照搬传统媒体广告。它融入了互联网精神，实现了可点击的功能，为用户提供了与广告主互动的机会。同时，品牌广告还借助精确的数据监测、广告定向和频次控制等手段，提升广告效果和用户体验。

在品牌广告业务模式中，涉及的角色众多，包括广告主、媒介购买、广告销售、技术策划、客户执行、资源管理、财务人员、广告产品经理和广告技术研发人员等。他们各司其职，共同构成了品牌广告业务模式的完整链条。

2. 流量广告：效果至上的选择

相较于品牌广告，流量广告更加关注广告带来的直接效益。电子商务、网络游戏等互联网行业的广告主是流量广告的主要客户群。他们采用按点击量、实际购买行为或注册量等方式进行结算，以确保每一分投入都能产生回报。

为了提高点击率和转化率，流量广告在内容和形式上都极具侵入性。以某知名平台为例，为了吸引更多用户点击并购买商品，其在流量广告上下了大力气。在内容上，运用各种吸引眼球的素材，如明星代言、限时折扣、满减优惠等，以激发用户的购买欲望。在形式上，采用弹窗、覆层等干扰性广告形式，当用户浏览网页或准备离开时，这些广告会突然弹出或覆盖在页面上，迫使用户注意到并产生点击行为。

除了内容和形式上的创新，该平台还通过多开广告位、投放更多广告等方式增加曝光量。该平台在多个热门网站和应用上购买广告位，确保无论用户在哪里浏览，都能看到它的广告。同时，该平台还加大了广告投放的频率和密度，让用户在短时间内多次接触到广告，从而提高点击量。

然而，这种极具侵入性的流量广告策略也引发了一些争议。有些用户认为这些广告干扰了他们的浏览体验，甚至感到反感。因此，广告主在追求点击率和转化率的同时，也需要考虑用户的感受和体验，避免过度侵扰用户。

总的来说，流量广告在内容和形式上的侵入性确实有助于提高点击率和转化率，但广告主需要谨慎使用这种策略，确保在吸引用户点击的同时，不会损害用户的体验和品牌形象。一些有实力的网站开始建立自己的广告系统，并利用Cookie（储存在用户本地终端上的数据）跟踪技术为用户投放更具针对性的广告。这种精准投放的方式不仅提高了广告的点击率和转化率，还增强了用户体验和满意度。

在流量广告业务模式中，虽然也涉及广告主、媒介购买、广告销售等角色，但销售的作用相对弱化。因为流量广告的合作往往是长期且注重效果的，只要数据表现良好，销售工作就相对轻松。同时，技术策划的角色也较为重要，他们需要为广告主提供精准的数据支持和投放方案策划。

3. 联盟广告：中小广告主的福音

联盟广告作为一种新兴的广告投放模式，为中小网站和中小广告主带来了前所未有的便利。它以低成本、高效率的特点，打破了传统广告投放的壁垒，成为越来越多广告主的首选。

以某家初创公司为例，该公司推出了一款创新产品，但由于预算有限，无法在传统媒体上进行大规模的广告投放。这时，该公司选择了联盟广告作为推广手段。通过接入广告联盟的系统，该公司轻松地将广告展示在了众多中小网站上。这些网站覆盖了不同领域和受众群体，使广告能够迅速触达潜在客户。而且，联盟广告的投放过程高度自动化，无须复杂的销售和策划流程，大大节省了时间和人力成本。

对于媒体方来说，联盟广告同样具有巨大吸引力。一家小型网站，由于缺乏专业的广告销售团队和技术支持，一直难以实现广告变现。然而，在接入广告联盟系统后，该网站惊喜地发现自己的网站上开始出现了与内容相关的广告。这些广告不仅提升了用户体验，还为网站带来了可观的广告收入。而且，联盟广告的结算方式灵活多样，媒体方可以根据自己的需求选择合适的结算周期和方式。联盟广告通常按照曝光量或点击量进行计费，并采用预付费的方式。广告主在系统中设置广告物料、定向条件、期望价格等信息后，就可以等待广告展示和效果产生了。而媒体方则可以通过展示广告获取收益，实现流量变现。

这种简单高效的业务模式使联盟广告在数字创意产业中占据了重要地位。它不仅降低了广告投放的门槛和成本，还为中小广告主提供了与大型广告主竞争的机会。同时，它也促进了中小网站和应用的发展和创新。

总之，在数字创意产业中，广告业务模式多种多样且各具特色。品牌广告、流量广告和联盟广告是其中的三大主流模式，它们根据广告主和广告媒体的不同特性而异彩纷呈。随着技术的不断进步和创新以及市场需求的不断变化和发展，未来还将涌现出更多新颖、高效的广告业务模式。

9.3 众筹模式与社群经济

9.3.1 众筹模式

"众筹"这一词语在近年来逐渐走入了公众视野,成为数字创意产业项目融资、创新创业领域的一股新兴力量。简单来说,众筹就是一种基于互联网的融资方式,允许个人或组织通过向公众募集资金来支持其项目或企业。众筹模式的出现,不仅降低了融资门槛,还促进了数字创意产业项目与投资者之间的直接对接,提高了资金的使用效率。

1. 众筹模式的类别

(1)股权众筹

股权众筹是指公司出让一定比例的股份给普通投资者,投资者通过出资入股公司,从而获得未来收益的一种众筹方式。这种模式下,投资者成为公司的股东,享有相应的权益和收益。股权众筹可以分为无担保和有担保两种类型。

无担保股权众筹:在此类众筹中,投资者没有第三方公司提供的权益担保,完全基于对项目或公司的信任和认可进行投资。这种方式的风险相对较高，但也可能带来更高的收益。

有担保股权众筹：与无担保股权众筹不同，有担保股权众筹存在固定期限的担保责任。这意味着如果项目或公司出现问题，投资者可以在一定期限内获得一定的保障。然而，这种担保通常会增加融资成本。

在国内，大多数股权众筹平台都是无担保的，这要求投资者具备较高的风险承受能力和鉴别能力。

（2）公益性众筹

公益性众筹是一种非营利的众筹模式，主要通过捐助的方式帮助有需要的人或组织。这种众筹模式的特点是募集资金主要用于公益目的，如扶贫、助学、环保等。国内的主要公益众筹平台包括轻松筹等。这些平台通常会对公益项目进行严格的审核和监管，以确保资金能够真正用于公益事业。

（3）产品众筹

产品众筹是指筹集人通过回报投资者来筹集资金的一种众筹方式。通常会承诺给投资者产品或其他福利，如优先购买权、特别定制版等。国内的主要产品众筹平台包括淘宝众筹等。这些平台为创新产品或服务的推广提供了一个有效的渠道，同时也为消费者提供了更多选择和参与感。

（4）借贷型众筹

借贷型众筹，又称债务型众筹或P2P平台，是指筹资者通过利息回报的方式募集资金。这种模式下，投资者实际上是向筹资者提供贷款，并在约定的期限内获得本金和利息的回报。国内的一些平台如P2P借贷平台就提供这种服务。然而，借贷型众筹也存在较高的风险，特别是当筹资者无法按时还款时，投资者可能会面临资金损失的风险。

（5）其他类型众筹

除了上述几种常见的众筹类型外，还有一些其他类型的众筹模式值得一提。

捐赠式众筹：主要是非政府组织为特定项目吸引捐赠资金的一种方式。与公益性众筹相似，但捐赠式众筹通常更加专注于特定的社会问题或项目。

奖励式众筹：项目所有者为特定项目筹集捐款的一种众筹方式。与产品众筹类似，但奖励式众筹的回报可能更加多样化，不限于产品本身。

预售模式：允许投资者预定和提前付款新产品或服务的一种众筹方式。这实际上是一种将市场需求与产品生产相结合的有效策略。

社会借款和P2P借款：基于商誉或个人担保的借款方式。这些方式与借贷型众筹相似，但可能更加灵活和个性化。

2. 众筹模式的优势

从数字创意产业的角度来看，众筹模式的重要性日益凸显，特别是在推动创意设计产业发展方面。众筹不仅为创意项目提供了资金支持，更在产业链的各个环节中发挥着独特的作用。以下将详细阐述众筹模式在数字创意产业中的优势及其重要性。

（1）众筹模式实现资本与创意的高效匹配

在数字创意产业中，众筹模式以其独特的运作方式，成功地将资本与创意紧密地结合在一起。传统金融机构对于创意设计产业的支持往往受限于风险管理的要求，导致许多优秀的创意项目因缺乏资金而无法实现。而众筹模式的出现，打破了这一僵局。它借助互联网的高效信息传播特点，为民间资本与创意设计企业搭建了一个直接对接的平台。只要创意项目能够引起大众的共鸣和认同，就能够获得所需的资金支持。

此外，众筹模式在知识产权评估、抵押和交易流通等方面也表现出较大的灵活性。它不再过分依赖于传统的评估体系，而是更注重市场反馈和大众认可。这使得许多在传统金融体系中难以获得资金支持的创意项目得以顺利开展。

（2）众筹模式助力产业链前端的市场测试与反馈

在数字创意产业中，产品的市场定位至关重要。然而，传统的产品开发流程往往存在较大的盲目性，导致大量产品在开发早期就因定位失误而失败。而众筹模式的引入，为创意设计项目提供了一个全新的市场测试与反馈机制。

通过众筹平台发布的项目，可以提前与潜在消费者进行互动和沟通。项目发起者可以根据大众的反馈和热情来评估项目的市场潜力，从而及时调整产品定位和开发策略。这种交易前置的方式不仅降低了项目失败的风险，还大大提高了产品开发的成功率。

（3）众筹模式汇聚分布式创意资源，激发集体智慧

众筹模式不仅为创意设计项目提供了资金支持，更汇聚了来自世界各地的分布式创意资源。通过众筹平台，项目发起者可以与来自不同领域、具有不同专业背景的投资者进行深度合作。这些投资者不仅为项目提供资金，还贡献了自己的专业知识和创意想法。这种跨界的合作模式有助于打破传统思维束缚，激发集体智慧，推动创意设计产业的创新发展。

此外，众筹平台还为项目团队提供了一个宣传造势、获取批评反馈以及价格、需求等市场信息的渠道。这些信息对于完善产品、调整市场策略具有极高的参考价值。因此，众筹模式不仅带来了资金的支持，更为创意设计项目的成功实施提供了全方位的资源和保障。

（4）数字技术与众筹模式的深度融合推动创意设计产业发展

随着信息与通信数字技术的快速发展，全球文化的内容和形式都发生了深刻的变化。数字技术与艺术、文化、创意产业的结合释放了个体的创意潜能，创建了一个超越地域限制的创意共同体。在这个共同体中，众筹模式以其独特的优势成为推动创意设计产业发展的重要力量。

在数字技术的支持下，众筹模式得以脱离时空局限，为各种创新资源提供了精准匹配消费者价值的条件。这为创意设计团队在产品开发早期了解消费市场、获取用户知识以及降低风险和资金压力提供了前所未有的便利。可以预见的是，在数字技术与众筹模式的深度融合下，创意设计产业将迎来更加广阔的发展空间和更加光明的未来。

3. 众筹模式的发展与挑战

众筹模式的发展为创新创业和个人融资提供了新的可能性，但同时也面临着一些挑战。首先，监管问题是众筹行业发展的一大难题。由于众筹涉及公众资金，因此需要建立完善的监管体系来保障投资者的权益。其次，信任机制也是众筹模式需要解决的问题之一。如何建立有效的信任机制，降低投资风险，是众筹平台需要思考的重要问题。此外，众筹模式还需要不断创新和完善，以满足日益多样化的市场需求和投资者偏好。

9.3.2 社群经济

随着互联网的普及和社交媒体的兴起，社群经济作为一种新兴的经济模式逐渐崭露头角。它强调的是去中心化和用户参与，通过一群有共同兴趣、认知和价值观的用户形成社群，进而通过互动、交流、协作和相互影响，对产品品牌产生反哺的价值关系。

1. 社群的含义

数字技术的迅猛发展，特别是GPT等跨模态通用人工智能技术的崛起，为内容创作与创意生产打开了新的表达窗口。短视频、网络直播等视觉文本成为信息网络社会中最具代表性的内容形态，它们背后所展现的数字化颠覆力与创意经济影响力，成为推动未来发展的关键力量。在这一背景下，数字"新新主体"将身份实践与日常媒介生活结合得更为紧密，展现出鲜明的个体化特性。在互联网的广阔舞台上，个人选择、个人创造等个体化行为成为普遍经验，数字主体的个体化达到了前所未有的高度。

网络社会中的主体性实现，体现在人们对时空限制的摆脱以及自由选择网络身份、网络符号来表达感受与认同。这种自由和选择的最大化，不仅丰富了我们的社会参与形式，也深刻影响了我们的自我认知和社会认同。在深度数字化的环境中，数据正在建构一种全新的"数字自我"，这种自我在高度自主权的赋予下，成为媒介化社会空间中独具特色、各行其是的独立个体。数字"新新主体"的身份表征不仅在用户所生产的"内容"中凸显，更在用户的媒介参与行为中显现。他们不仅在自媒体、博主等影响力内容生产者所产生的文本中获得身份认同，更在点赞、评论、转发等参与和影响内容生产过程的行为中实现身份构建。智媒时代的行动主体成功嫁接到数字创造与生产的每个环节，从消费者到生产者的共同创造，再到完全成为生产环节的主导者，这一转变不仅体现了数字技术的赋权，更彰显了数字主体的能动性和创造力。

互联网的"去中心化"特质使得人人皆为内容创作者，移动互联网平台成为人们自主选择、控制的新形式。这种新形式不仅弥补了现代人被高速工作节奏和生存压力打乱的生活步调，更在某种程度上重塑了我们的注意力分配和时间感知。多任务同步进行引发的注意力分散成为数字时代的新文化体验之一，个体自主分割的时间断面呈现出"多维"特征，共时性、共在性的传播与互动模式成为数字主体自我选择的再确证。在这一转变中，我们不仅见证了数字技术对个体行为的深刻影响，更看到了数字文化平台在展现认同方面的重要作用。

在文化产业的需求侧转向中，"共同进化"的产业生态逻辑在以个体为单位生成的流量"元数据"中得到体现。特别是"网生代"用户对数字内容进行干预，出现了诸如"二次创作"等新型数字网络文化形态。这种基于源文本进行二次创作的行为使符号元素脱离原有语境生成新意义，"二创"混剪行为在粉丝群体中广泛流传并被积极分享到视频播放平台上。这正是马诺维奇所提出的"混剪文化"的重要表现之一，也是当前数字文化平台展现认同的非常重要的方式之一。在这种对旧文本进行重新鉴赏的美学形式中，数字个体独特的文本操纵能力不断展现出一种原创性。数字化背景下强渗透的数字技术手段使个人创造的"数据"流动效果增强，直至无处不在、无时不在的"气态化"使随时随地创作及生产成为可能。以"二创"为例，视频再创作与再生产繁荣了数字内容创作行业，同时延伸到更广泛的社会群体，扩大了解读语义的"翻译者"、文化意涵的"赋予者"，集中体现了一种基于开放、平等、共享、参与式的"互联网文化精神"，也为创新提供了更多素材与现实基础。

在深度数字化的进程中，人类的社会关系也在被重塑。粉丝"刷礼物"是网络直播中虚拟社会关系的延展，同样作为一种互动性回馈行为，在直播中粉丝基于对主播的信任与认同进行"打赏"。新技术平台创造了"互动性文本"和虚拟连接纽带，在一定程度上重塑了现代网络社会中的陌生人关系。这种异质性的连接也是建构在以"认同"为基础的机制上。"直播带货"与其说是为信任和情怀买单，不如说是为一份"身份认同"下单。数字"新新主体"在消费的情境下将自己的身份潜移默化地带入并外现在"数据"之中，"我购即我在"。这种以认同为基础搭建的网络社群，在某种程度上反映了现实生活中文化主体的精神需求，并在需求侧转向中彰显出融合力与渗透力。以大众力量集结的社群网络促进新型数字文化消费的全面升级，不仅丰富了互联网时代多元化、个性化身份以作为个人选择的回报，更实现了以"需求"为线索的社交目的。

依托现代互联网与移动通信技术，以大数据挖掘、精准画像、精准服务为手段的"算法逻辑"，有效提升了数字用户在信息传递中的个性化与定制化效果。因"算法"聚拢的用户之间享有共同属性，成为"共识化"的"特质簇"群体，而这类网络群体因具有了共享文化的特征，组建成了广泛参与并独具特色的共同存在。

在数字建构的网络环境中个体身份的确证，需要既与他人融合又与他人分离，在"特质簇"的身份建构中为抵达身份的确证"认同的个体"，以对自身的超越和放弃而融入社群，实现了个体性与公共性的平衡。他们不仅能通过认同对"同一性"的社群产生归属感，同时又不丧失"差异性"的个体自主作用，通过文字、图像、视频以及表情包等符号化内容，形成话语力量网络"特质个体"，为社会共识的凝聚提供了新话题。

在这一互动机制中，网络个体与内容展开互动行为，积极投入观点与意见，由此推动内容链条发展融入社会互动的场域中。例如弹幕已成为当下年轻人表达对视频直播、网络剧和综艺节目看法的一种独特的文化实践行为，在发表弹幕的过程中，"独特个体"不仅表达评价和态度，也展现特定情绪，这种参与行为极大提升了网络个体的主体性与能动性，并且构成了在线"观点汇聚地"的网络景观，为塑造新型文化消费模式创造了新可能。

在这一语境下，以流量和算法为主要特征的互联网平台，将重新配置人们的注意力、对社会事件的关注度以及自动提供与其相符的内容，构划以"个体认同"为元数据、以"态度社群"为单位的互动交流方式。而"特质簇"社群则为个体提供了身份联结与价值共享的力量，成为数字时代的新型社群组织形式。

人们在社群中分享信息、知识，通过协作和共享使信息的整体价值得到提升，诸如知识索引平台、阅读交流平台、网络问答社区等都是通过互动协作、信息共享释放了个人的主体力量，特质功能连接的价值也得到了彰显。

社群经济正是基于移动互联网平台以认同和兴趣为图谱，独特个体在深度交互和情感体验中发挥着自主能动性，在参与、传播和创造的过程中"认同者"个体及特质社群，形成了可持续性的、既有商品价值又有情感交流的生产与消费活动，成为数字创意时代的新型经济形态。在这一过程中，数字技术的赋能和社群认同的力量共同推动了社群经济的发展和创新，为数字创意产业注入了新的活力和可能性。

2. 社群经济的特点

（1）注重信任和口碑

在社群经济中，成员之间通过社交网络相互推荐产品或服务，从而建立信任。这种信任关系的建立，使社群内的信息传播更加迅速和有效。口碑成为衡量产品或服务质量的重要标准，而良好的口碑能够为企业带来更多的潜在客户和销售机会。

（2）与用户产生积极的互动

社群经济强调企业与用户之间的紧密互动。企业采用互动式服务模式，主动与用户进行沟通，了解他们的需求和反馈。这种积极的互动关系有助于企业更好地满足用户需求，提升用户满意度和忠诚度。

（3）涉及社会共享资源的利用

在社群经济中，成员可以共享时间、技能和知识等资源，推动社区的发展。这种共享模式不仅提高了资源的利用效率，还有助于促进社群内部的协作和创新。

（4）注重客户体验

社群经济非常注重客户在购买过程中的体验和感受。企业不仅提供优质的商品和服务，还关注客户的购物环境、服务态度和售后支持等方面。通过提升客户体验，企业可以赢得客户的忠诚和口碑。

（5）新技术的应用

新技术的应用是社群经济的重要特点之一。人工智能、大数据分析和区块链等技术的引入，使社群经济更加高效和智能。这些技术可以帮助企业更好地了解用户需求、优化产品设计和提升服务质量。

（6）品牌的价值

在社群经济中，品牌形象成为企业赢得消费者信任的关键。消费者更多地依赖个人信任和口碑来选择品牌和产品。因此，企业需要注重品牌建设和维护，树立良好的品牌形象和价值观。

（7）区域化发展

社群经济将逐渐向着区域化的方向发展。企业将更加聚焦本地市场，加强与当地社群成员间的联合与交流。这种区域化的发展模式有助于企业更好地满足当地消费者的需求，提升市场竞争力。

3. 社群经济的发展趋势

（1）更广泛的应用

随着社交媒体和互联网的普及，社群经济的应用范围将越来越广泛。不仅应用于传统的产品和服务领域，还将拓展到教育、医疗、娱乐等更多领域。

（2）新技术的应用

未来，社群经济将更加注重对新技术的应用。人工智能、大数据分析、区块链等技术将与社群经济深度融合，为企业提供更精准的用户画像和营销策略。

（3）品牌的价值日益凸显

在社群经济中，品牌的价值将日益凸显。企业需要注重品牌建设和维护，通过提供优质的产品和服务来赢得消费者的信任和口碑。同时，企业还需要注重品牌形象和价值观的传播，以吸引更多具有共同价值观的消费者加入社群。

（4）区域化发展的深化

随着社群经济的不断发展，区域化发展的趋势将更加明显。企业将更加注重对本地市场的深耕细作，加强与当地社群成员间的联合与交流。这种区域化的发展模式将有助于企业更好地了解当地消费者的需求和习惯，提升市场占有率和竞争力。

第六篇
未来展望

第十章

数字创意产业的未来趋势

10.1 技术革新对数字创意产业的影响

科技的持续进步和创新对当代数字创意产业产生了深远的影响。技术的革新不仅推动了数字创意产业的持续变革,还催生了更为丰富多样的艺术形式和更为高效便捷的制作手段。

10.1.1 技术创新丰富了艺术作品的多样性

在技术创新的浪潮之下,数字创意产业的艺术作品正以前所未有的速度涌现,展现出令人惊叹的多样性。这种多样性不仅体现在作品的内容和形式上,更体现在艺术创作的手段和呈现方式上。传统的绘画、音乐和文学作品,虽然依旧占据一席之地,但已经不再是数字创意产业的全部内容。相反,数字电影、电子游戏、虚拟现实(VR)和增强现实(AR)等新兴艺术形式正在迅速崛起,成为数字创意产业的重要组成部分。

以数字电影为例,现代电影制作已经不再局限于传统的实景拍摄和剪辑手法。通过数字技术的运用,电影制作人员可以在计算机上创建出逼真的场景和特效,将观众带入一个全新的视觉世界。比如,在《阿凡达》系列电影中，导演詹姆斯·卡梅隆的团队运用了先进的数字技术，创造出一个充满奇幻色彩的外星世界。这个世界中的动物、植物和地貌都栩栩如生，让观众仿佛置身于一个真实而又遥远的星球之上。这种数字技术的运用不仅拓展了艺术家的创作空间，而且激发了他们更为丰富的想象力和创造力。

再来看电子游戏领域，随着游戏引擎和图形技术的不断发展，现代电子游戏已经不再是简单的娱乐工具，而是成为一种新兴的艺术形式。游戏中的场景、角色和故事情节都可以由艺术家精心设计和打造。比如，在《塞尔达传说：旷野之息》这款游戏中，开发者创造出一个开放而又充满神秘感的游戏世界。这个世界中的山川、草木和建筑都充满了艺术感，让玩家在探索游戏世界的同时，也能欣赏到美丽的风景和精致的画面。这种艺术形式的出现不仅让游戏变得更加有趣和吸引人，而且让艺术家有了更多的创作机会和平台。

VR和AR技术的兴起也为数字创意产业带来了全新的艺术形式。通过这些技术，艺术家可以创造出沉浸式的艺术体验，让观众身临其境地参与到艺术作品中来。比如，在虚拟现实艺术展览中，观众可以戴上VR头显，进入一个由艺术家精心打造的虚拟空间。在这个空间中，观众可以自由地移动和观看艺术作品，甚至可以与作品进行互动和交流。这种沉浸式的艺术体验让观众更加深入地了解和感受艺术作品，也让艺术家有了更多的创作可能性和表达方式。

随着技术的不断进步和创新，我们有理由相信，未来的数字创意产业将会呈现出更加多元化和创新化的格局。

10.1.2 技术创新提升了创意产业的制作效率

技术创新在数字创意产业中的应用,带来了制作效率的显著提升,为艺术家的创作过程注入了新的活力。通过数字化工具的广泛运用,艺术家能够更为便捷地借助计算机等设备进行创作,这不仅极大地降低了创作的物质和时间成本,还使作品的修改和完善变得更为容易。

以数字绘画为例,传统的绘画过程需要艺术家准备画布、颜料等物理材料,并且一旦绘制出现错误,修改起来往往非常困难。然而,在数字绘画中,艺术家只需使用数位板和绘画软件,就可以在计算机上轻松完成绘画作品。他们可以随时调整线条的粗细、色彩的明暗,甚至可以轻松实现图层的叠加和修改。这种灵活性不仅大大提高了绘画效率,还使艺术家能够更加自由地发挥创造力。

在数字音乐制作领域,技术创新同样带来了革命性的变化。传统的音乐创作需要音乐家聚集在一起,通过乐器演奏和录音设备进行录制。然而,在现代数字音乐制作中,音乐家可以使用数字音频工作站(DAW)等软件进行音乐的创作、录制和编辑。这些软件提供了丰富的音色库和编曲工具,使音乐家能够独立完成复杂的音乐作品。此外,数字音乐的分发也变得极为便捷,音乐家可以通过在线平台将作品直接推送给全球的听众。

除了绘画和音乐,文学创作也受益于技术创新。传统的文学创作需要作家手写或打印稿件,然后通过出版社进行编辑和发行。然而,在数字时代,作家可以使用各种写作软件进行创作,并通过网络平台直接发布作品。这种数字化的写作和发布方式不仅提高了写作效率,还使作家能够更加直接地与读者进行互动和交流。

此外，在影视制作领域，技术创新也带来了显著的提升。传统的影视制作需要耗费大量的人力、物力进行实景拍摄和后期制作。然而，在现代影视制作中，制作人员可以使用数字特效和合成技术来创建逼真的场景和效果。这不仅降低了制作成本，还缩短了制作周期。同时，数字技术的广泛应用也使影视作品的分发变得更为便捷和高效。

技术创新在数字创意产业中的应用为艺术家带来了制作效率的大幅提升。数字化工具的广泛运用使艺术家能够更加便捷地使用计算机等设备进行创作，从而显著降低了创作成本。同时，数字技术的广泛应用也极大地简化了作品的生产和分发流程，使各种创意爱好者都能更加容易地参与和享受创作过程。这种效率的提升不仅推动了数字创意产业的快速发展，也为艺术家提供了更为广阔的创作空间和更加丰富的机会。

10.1.3 技术创新促进了创意与技术的深度融合

技术创新为创意与技术的深度融合开辟了前所未有的机遇，让艺术家能够以更加生动和灵活的方式将先进技术融入他们的创作中。这种融合不仅推动了技术的进一步发展，更让创意的边界得到了极大的拓展。

以计算机编程为例，这一技术手段已经成为现代艺术家实现复杂创作计划的重要工具。艺术家通过编程语言和算法，能够精确控制作品中的每一个元素，从而创造出传统艺术手段难以企及的效果。比如，在数字艺术领域，艺术家可以利用编程技术生成复杂的图案和动画，这些作品不仅视觉效果令人震撼，而且在深度和内涵上赋予了观众更多的想象空间。

人工智能技术的崛起更是为艺术创作带来了革命性的变革。人工智能技术可以模拟人类的思维和学习过程，从而在艺术创作中发挥出巨大的潜力。例如，在音乐创作领域，人工智能算法已经能够分析大量的音乐数据，学习不同风格和流派的特点，然后自动生成具有独特魅力的音乐作品。这些作品不仅旋律优美、和声丰富，更在结构上展现出了前所未有的创新性。

除了音乐和数字艺术，人工智能还在其他艺术领域发挥着重要作用。在绘画方面，人工智能可以通过学习大师作品的风格和技巧，自动生成具有相似风格的绘画作品。这些作品不仅在外观上与原作高度相似，更在细节和笔触上展现出独特的艺术魅力。此外，人工智能还在舞蹈、戏剧等表演艺术中发挥着重要作用，通过模拟人类的动作和表情，为观众带来更加真实和震撼的表演体验。

技术创新还为艺术家提供了更多的创作途径和展示平台。随着VR、AR等技术的不断发展，艺术家可以将作品呈现在更加立体和沉浸式的环境中，让观众获得更加身临其境的艺术体验。例如，在VR艺术展览中，观众可以戴上VR头显，进入一个由艺术家精心打造的虚拟空间。在这个空间中，观众可以自由地移动、观看和互动，从而获得更加深刻和全面的艺术感受。

技术创新为创意与技术的深度融合提供了新的契机。艺术家通过计算机编程、人工智能等技术手段，能够实现更加精确和复杂的创作计划，从而推动技术的发展并拓展创意的边界。随着技术的不断进步和创新，我们有理由相信，未来的艺术创作将会呈现出更加多元化和创新化的格局。

10.1.4　技术创新增强了市场的营销推广能力

数字化技术的普及无疑为创意产品的市场营销推广能力注入了强大的动

力。这一变革性的趋势不仅改变了艺术家与消费者的互动方式，更为他们打开了一个前所未有的直接销售和市场展示的大门。

数字商务平台的异军突起，成为艺术家将作品直接销售给消费者的主要渠道。例如，知名的在线艺术品销售平台Artsy就为艺术家和收藏家搭建了一个无缝对接的交易空间。艺术家可以在这个平台上展示自己的作品，并设定价格，而收藏家则可以浏览和选择心仪的艺术品进行购买。这样的销售模式省去了中间商的环节，使艺术家能够获得更高的利润，同时也让收藏家能够以更为合理的价格购买到心仪的艺术品。

除了Artsy这样的专业艺术品销售平台，像亚马逊、淘宝等综合性电商平台也为艺术家提供了销售创意产品的机会。这些平台拥有庞大的用户群体和完善的物流体系，能够帮助艺术家将作品快速、准确地送达消费者手中。无论是手工艺品、设计品还是数字艺术品，都可以在这些平台上找到属于自己的市场。

与此同时，在线市场也为艺术家提供了一个展示和宣传作品的广阔舞台。社交媒体平台如抖音、微博等，以其强大的用户黏性和互动性，成为艺术家展示作品、吸引粉丝的重要阵地。艺术家可以通过发布作品照片、创作视频等方式，与粉丝进行互动和交流，进一步提升作品的知名度和影响力。

此外，VR和AR技术的兴起，也为艺术家的作品展示提供了新的可能。通过这些技术，艺术家可以创建出沉浸式的展览空间，让观众仿佛置身于作品之中，获得更加真实和深刻的艺术体验。这种展示方式不仅提升了作品的吸引力，也为艺术家提供了更多的创作和表达空间。

数字化技术的普及不仅改变了创意产品的市场营销推广方式，而且让艺术家有了更多的机会和平台去展示和销售自己的作品。从专业的艺术品销售平台到综合性的电商平台，再到社交媒体和虚拟现实技术，这些数字化工具为艺术家打开了一个充满无限可能的新世界。我们有理由相信，在未来的日子里，数字化技术将继续推动创意产品市场营销的变革和创新。

10.1.5　技术创新带来的"趋同化"挑战

尽管技术创新如春风般为创意作品带来了前所未有的多样性，但如同一把双刃剑，它也同时催生了一个令人深思的问题——创意作品的"趋同化"。这种现象在数字娱乐企业中尤为明显，其背后是市场利润的强大驱动力，但从长远来看，却对创意产业的健康多元发展构成了潜在的威胁。

以电子游戏产业为例，随着游戏引擎和技术的不断进步，我们见证了画面质量、物理模拟和交互性的巨大飞跃。然而，在这种技术革新的背后，却悄然出现了一种趋同现象。为了追求更广泛的市场接受度和更高的销售额，许多大型游戏开发商倾向于投资开发那些已被证明成功的游戏类型和模式。结果，我们看到了大量以射击、角色扮演或体育为主题的游戏充斥着市场，而一些具有创新性和实验性的独立游戏则因缺乏足够的资金支持和市场推广而黯然失色。

在音乐产业中，这种趋同化的趋势也同样明显。随着数字音乐平台的兴起，算法推荐成为主导音乐消费的重要力量。这无疑为艺术家提供了更广阔的听众基础，但同时也加剧了音乐风格的同质化。为了追求更高的点击率和播放量，一些音乐制作人和艺术家可能会刻意迎合算法，创作那些符合特定流行元素和听众喜好的歌曲。久而久之，这种趋同化的音乐创作模式可能会削弱音乐文化的多样性和深度。

电影产业也未能幸免于这种趋同化的趋势。在特效技术和全球发行网络的助力下，大制作的好莱坞电影在全球范围内取得了巨大的商业成功。然而，这也导致了一种"大片文化"的兴起，即电影制作越来越倾向于投资那些具有广泛市场吸引力的类型片，如超级英雄电影、科幻冒险片等。与此同时，一些具有深刻社会意义和艺术价值的独立电影和小众电影则因缺乏足够的资源和市场支持而难以获得广泛的关注和认可。

这种趋同化的现象对创意产业的长期发展构成了严峻的挑战。一方面，它限制了创意作品的多样性和创新性，导致市场上充斥着大量相似且缺乏深度的产品。另一方面，它也削弱了消费者对于创意作品的鉴赏力和选择权，使他们越来越难以接触到那些真正具有创意和价值的作品。因此，为了促进创意产业的健康和多元化发展，我们需要鼓励和支持那些具有创新性和实验性的创意作品，同时也需要加强对消费者权益的保护和加大市场监管的力度。

技术创新对现代数字创意产业产生了深远的影响，这种影响将继续塑造和改变创意产业的未来走向。随着技术的不断进步和创新，我们期待看到更多元化、更具创新性的创意作品涌现出来，为我们的生活增添更多的色彩和活力。

10.2 消费者需求的变化与应对策略

内需作为推动中国经济发展的核心动力，同时也是满足人民对美好生活追求的必要条件。在扩大内需的战略中，消费不仅代表着生产的终极目标和驱动力，更直接体现了人民对优质生活的向往。为了进一步增强消费对经济的基石作用，我们需将恢复和扩大消费置于优先地位，特别要激发那些具有潜力的消费领域。中央经济工作会议强调，要推动消费从疫情后的复苏转向持续的增长，积极培育新型消费模式，如数字消费、绿色消费和健康消费，并寻找新的消费增长点，如智能家居、文娱旅游、体育赛事和国货潮品等。为了落实这一部署，我们需要紧密结合数字创意产业和居民消费升级的特点，大力发展数字消费，并创新消费模式和业态。

数字消费是建立在大数据、云计算、物联网和人工智能等前沿数字技术之上的新型消费模式，它通过线上线下融合的方式，专注于提供数字化产品和服务。与传统消费相比，数字消费利用数字技术为社会生产和消费活动注入新活力，将各类消费形式有机结合起来，推动消费领域不断拓宽和深化。其主要特征包括消费内容的数字化、消费渠道的融合化以及消费需求的多元化、个性化和品质化。在数字技术的推动下，消费者越来越注重个性化的需求、优质的消费体验和环保安全的产品，这使消费市场和产品服务变得更加丰富多样、更具特色和品质。

近年来，随着数字技术的飞速发展，我国数字创意产业已经进入了一个新的发展阶段，其特点是应用的深化、规范的发展和普惠的共享。数字技术凭借其创新性、渗透性和覆盖性，以全新的业态和模式融入数字创意产业的各个领域和过程中。在这一过程中，我国的消费数字化转型也在加速推进。网络购物、在线教育、在线娱乐、网络游戏等新兴业态层出不穷，直播经济、即时零售、智慧医疗和数字文旅等新热点也不断涌现。同时，移动智能终端、智能家居、智能穿戴和自动驾驶汽车等新型消费场景也异军突起，展现出巨大的发展潜力和空间。数字消费已经成为当前创新最活跃、增长最迅速、影响最广泛的消费领域之一，正在进入快速发展的轨道。数字消费的市场潜力正在不断转化为促进民生福祉、扩大内需、引领产业升级和推动经济增长的强大动力。

在数字化赋能和消费升级的双重驱动下，我国数字消费需求正在加速释放，催生出更多的产品和服务创新，数字化生活场景和体验也日益丰富。这不仅提升了人民群众的获得感和幸福感，还推动了全社会消费模式的深刻变革。人们的消费习惯、消费内容、消费路径以及消费理念都在发生着显著的变化。同时，数字消费的持续释放也在有效地扩大内需规模，带动产业链、供应链的优化升级，推动经济发展实现质量、效率和动力的全面变革，为构建新发展格局、推动高质量发展提供持久的动力支持。

为了更大限度地激发数字消费的潜力，实现高水平的供需良性循环和动态平衡，更好地服务高质量发展，满足国内消费升级需求和人民对美好生活的向往，我们必须紧紧抓住数字化带来的机遇，制定并实施一系列政策措施，改善数字消费的硬件设施和软件环境。

首先，加强数字消费基础设施建设是至关重要的。实践已经证明，数字消费基础设施是培育和扩大数字消费的基石。我们应该以普惠均等、支撑需求为导向，建立健全政府引导与市场主导相结合的投融资模式，全面布局和完善包括5G、千兆光网、物联网、云计算和人工智能在内的数字消费基础设施及应用场景。同时，以信息消费示范城市建设为抓手，加快推进国际消费中心城市建设，培育和发展一批区域数字消费中心和具有地方特色的数字消费中心。

此外，还应统筹推进智慧景区、智慧商圈、智慧街区和智慧商店的示范创建工作，打造一批数字消费的网红打卡地。在完善农村现代商贸网络和物流网络的同时，引导优质数字消费资源向农村地区延伸，满足农村居民的差异化、个性化需求，进一步激发农村数字消费市场的活力。为了持续扩大数字产品和数字服务的贸易规模，我们还应加强国际物流供应链体系的建设、推动跨境支付系统的互联互通以及推进跨境数字贸易基础设施的建设。

其次，促进数字消费供给的提质扩容也是关键所在。优质的数字产品和数字服务是培育壮大数字消费的重要前提。我们应该坚持数字赋能、标准引领和品牌打造"三箭齐发"的策略，畅通生产、流通、分配和消费的循环体系，提升供给体系对国内需求的适应性。通过支持数字创意企业积极应用柔性化、智能化的生产模式以及加强技术、产品和服务的创新能力来实现这一目标。同时搭建贴近百姓、丰富多元的数字化服务平台并打造沉浸式、体验式和互动式的数字消费新场景也是非常重要的举措。这将有助于构建虚实联动、沉浸体验和场景开放的全新消费模式，并助力产业的数字化转型升级以及改善数字消费的供需生态环境。

除此之外，我们还需要支持数字企业和行业组织，在制定数字产品和数字服务等领域的相关标准方面发挥积极作用，并加快培育一批具有高技术含量、卓越服务质量和强大品牌竞争力的企业以及国潮品牌。建立和完善品牌建设、培育标准体系和评价体系也是夯实高品质数字消费供给基础的重要组成部分。

最后但同样重要的是营造一个一流的数字消费环境。一个安全、放心且优质的数字消费环境对于提振消费信心、让更多人敢于消费和愿意消费具有至关重要的作用。我们应该坚持问题导向的原则来改善数字消费环境，并健全、完善促进数字消费发展的体制机制和政策体系。

具体而言，我们需要完善促进数字消费的政策支持体系，通过加强财政、货币和产业等政策的协调配合，来促进数字消费的发展，同时完善收入分配制度和社会保障体系，以保护劳动者的合法权益，并形成有利于提高居民数字消费积极性、提升居民数字消费能力，以及释放居民数字消费潜力的良好政策环境。我们还需要进一步加强在数字消费领域的市场监管工作，坚持包容审慎的监管原则，加强分类指导，并健全数字消费领域的市场准入规则，以加快完善与数字消费发展特点和规律相适应的高效监管机制。这将有助于切实维护公平竞争的市场秩序，保障经营者和消费者的合法权益，并全力营造一个安全、放心且诚信的数字消费环境。

10.3 数字创意产业的可持续发展之路

在科技创新与产业革新的大潮中，我国以独特的文化、历史和产业特色，正积极推动数字创意产业的发展。这一新兴领域不仅被视为经济发展的新杠杆，更承载着推广中华文化、增强文化自信的重要使命。具体可从以下几个方面予以创新。

1. 设立国家级科技重大专项以推动数字创意技术与装备的研发

为全面攻克我国数字创意技术与装备领域存在的核心技术难题，并消除"卡脖子"现象，建议采取国家科技重大专项的方式进行集中突破。这一重大专项将聚焦于数字创意技术与装备领域的关键核心技术、核心元器件、高端产品、创新应用以及软件平台与工具的研发，旨在大幅提升我国在该领域的自主创新能力。通过这一专项的实施，我们期望在推动产业竞争力跻身国际前列的同时，为我国数字创意产业和数字经济的持续繁荣发展奠定坚实的技术基础。

为确保专项的顺利实施，我们将建立健全的组织管理体系和运行机制，明确各项研发任务的目标、责任和时间节点。同时，我们将加强产学研用紧密结合，鼓励企业、高校和科研机构共同参与，形成创新合力。此外，我们还将加大对专项的资金投入和政策支持,为研发团队提供充足的经费和资源保障。

2. 构建数字创意国家工程研究中心以提升产业创新能力

数字创意产业的发展离不开数字创意技术、装备和数字文化内容的协同创新。因此,建议优先鼓励和支持在数字内容创作、技术与装备创新方面具有显著优势的省份,如浙江省和广东省,牵头组织国内一流的高校、科研机构和龙头企业,共同建设数字创意国家工程研究中心。该中心将围绕数字创意产业的关键共性技术和前沿引领技术进行研发和创新,旨在提升产业的自主创新能力,确保产业核心竞争力和发展后劲。

通过国家工程研究中心的设立和运行,我们将进一步优化数字创意技术与装备的创新和产业化支撑体系。具体而言,我们将加强产学研用合作,推动创新链、产业链和资金链的深度融合;加强人才培养和引进,打造一支高水平的研发团队;加强国际合作与交流,引进国外先进技术和管理经验,提升我国数字创意产业的国际竞争力。

3. 培育壮大数字内容创作和知识分享的平台型企业

为充分发挥市场在资源配置中的决定性作用,建议采取市场化的方式,培育一批以数字内容创作、知识分享为主要业务的平台型企业。这些企业将专注于在线教育、知识服务、短视频、直播、有声读物、网络文学等领域的深耕细作,通过提供优质的内容和服务,提高我国优秀文化的传播能力和国际竞争力。

同时,我们将鼓励这些平台型企业加大在数字创作、审核监管、网络分发、信息安全等方面的技术研发投入,推动人工智能等先进技术的应用落地和深化发展。通过技术创新和模式创新,这些企业将为用户提供更加丰富、便捷、高效的数字内容和服务，进一步激发文化消费潜力，推动数字创意产业的快速发展。

4. 全面加强数字创意产业人才培养工作

针对当前数字创意产业高端人才稀缺、主流人才缺口较大的问题，建议从以下几个方面入手加强人才培养工作：一是加强数字创意人才的本土化教育培养，通过优化课程设置、加强师资队伍建设、完善实践教学体系等措施，提高人才培养质量；二是开展国际人才双向交流计划，引进海外高层次人才和团队，同时推动国内优秀人才出国深造或参与国际合作项目；三是构建面向数字文化内容和数字技术装备的创新设计人才体系，注重培养具备艺术、文化、科技、商业等综合素质的复合型人才；四是推行原创作品培育原创人才机制，通过市场化手段给予创作人员一定的鼓励和支持，提高作品创作的积极性和保护意识。

5. 完善监管和服务体系以保障数字创意产业健康有序发展

为应对形势发展并适当前瞻，建议论证制定数字内容质量监管和评价机制。通过设立不良信息内容传播风险评估机构等方式，加强对数字内容的监管和管理，确保数字创意产业的健康有序发展。同时，完善数字内容以及原创设计的版权和知识产权保护法规是必要的举措，这将有助于保障创作者的合法权益并激发创新活力。推进面向智能设计、智能生成内容的立法建设也是重要的方向之一，以适应技术发展的新趋势和新要求。此外，探索设立开源服务平台、建立数字创意产业评价指标体系以及构建以企业为主体、市场为导向的产学研用协同创新机制等措施也将有助于提升数字创意产业的整体竞争力和发展水平。

6. 打造具有国际影响力的数字创意之都以提升城市品牌形象

为进一步提升我国数字创意产业的国际影响力，建议鼓励北京、上海、深圳、杭州等数字创意资源丰富的城市开展综合性数字创意产业集聚区建设。通过推动数字创意与实体经济的深度融合，打造一批具有国际影响力的数字创意之都。这些城市应拓展数字创意在会展、电子商务、医疗卫生、教育服务、旅游休闲等领域的应用场景，加快体育竞赛、表演产业的转型升级和融合发展步伐。同时，打造一批高质量、国际化、现代化的旅游目的地也是提升城市品牌形象的重要举措之一。

结　语

当我们踏上这段探索数字创意产业的旅程时，我们的目标是为读者揭示这个充满活力和创新的领域的全貌。从数字视觉设计的绚丽多彩，到数字交互设计的智能便捷；从数字影视制作的震撼人心，到数字游戏开发的奇幻世界，再到虚拟现实、增强现实与人工智能技术的开拓应用，我们共同见证了数字创意产业无尽的魅力与可能。

在结语之际，我们不禁要感叹数字创意产业所蕴藏的巨大潜力。它不仅是科技与艺术的完美结合，更是推动经济发展、文化繁荣和社会进步的重要力量。数字创意产业以其独特的创意性和高附加值，正成为全球经济的新引擎，引领着未来的发展方向。

然而，我们也要清醒地认识到，数字创意产业的发展仍面临着诸多挑战。技术的更新换代速度之快，要求我们必须不断学习和适应；市场的竞争之激烈，要求我们必须不断创新和突破；消费者的需求之多样化，要求我们必须不断满足和超越。在这个快速变化的时代，唯有不断进取，才能立于不败之地。

展望未来，数字创意产业将继续与科技、文化、教育等多个领域深度融合，催生出更多令人瞩目的新产品、新服务和新业态。我们期待着数字创意产业在推动经济社会发展、提升人类生活品质方面发挥更大的作用，创造出更加美好的未来。

愿每一位读者都能从本书中获得启发和灵感，勇敢地踏上数字创意的征程。让我们携手并进，共同迎接数字创意产业的崭新篇章！

附录：数字创意产业相关资源

数字游戏与动漫

Steam：全球最大的综合性数字发行平台之一，提供大量游戏和软件。

Unity：流行的游戏开发引擎，提供丰富的资源和教程。

Unreal Engine：另一款强大的游戏开发引擎，由Epic Games开发。

Anime News Network：动漫新闻和资源网站，涵盖最新动漫信息和评论。

腾讯游戏：国内最大的游戏开发和发行平台之一，涵盖多个游戏类型和IP。

网易游戏：另一家重要的国内游戏开发和发行商，拥有众多知名游戏品牌。

哔哩哔哩：知名的弹幕视频网站，也是国内动漫、游戏内容的重要分发平台。

完美世界：集游戏开发、发行、运营于一体的综合性数字娱乐企业。

数字音乐与影视

Spotify：流行的音乐流媒体服务平台，提供数百万首歌曲。

Netflix：领先的在线影片租赁提供商，提供大量电影和电视剧。

IMDb：互联网电影数据库，提供详细的电影、电视剧和演员信息。

YouTube：全球最大的视频分享网站，涵盖各种类型和内容的视频。

网易云音乐：提供海量歌曲和音乐发现服务的平台，拥有庞大的用户群体。

QQ音乐：腾讯旗下的音乐流媒体服务平台，涵盖广泛的音乐内容和独家版权。

爱奇艺：领先的在线视频平台，提供大量电影、电视剧、综艺等内容。

腾讯视频：腾讯旗下的在线视频服务平台，拥有丰富的内容库和独家版权。

数字教育与培训

Coursera：提供在线课程的平台，涵盖各种学科和领域。

edX：由麻省理工学院和哈佛大学共同创建的在线学习平台。

Udemy：提供广泛在线课程的市场，包括数字创意产业相关课程。

Khan Academy：提供免费的教育资源和课程，涵盖多个学科。

慕课网：提供在线IT技能学习的平台，涵盖编程、设计、前端开发等领域。

网易云课堂：提供广泛的在线课程，包括数字创意产业相关的技能和知识。

腾讯课堂：腾讯推出的综合性在线终身学习平台，涵盖了IT编程、设计创作、新媒体营销、职业培训、公考级考证、兴趣生活、英语口语等上万门专业课程及精品公开课。

虚拟现实（VR）与增强现实（AR）

Oculus：领先的VR硬件和软件提供商，提供丰富的VR资源和体验。

HTC Vive：另一款流行的VR硬件和软件平台，提供沉浸式体验。

ARKit：由苹果公司开发的AR开发框架，用于创建iOS上的AR应用。

Google ARCore：谷歌的AR开发平台，支持Android设备上的AR应用开发。

大朋VR：国内知名的VR硬件和内容提供商，专注于VR技术的研发和应用。

亮风台：提供AR技术和解决方案的企业，致力于推动AR在各行业的应用。

0Glass：国内领先的AR智能眼镜研发商，提供AR眼镜硬件和软件开发平台。

综合资源与平台

GitHub：全球最大的代码托管平台，数字创意产业开发者可以共享和协作代码。

Stack Overflow：编程问题和答案的社区，提供数字创意产业相关的技术支持和解决方案。

Creative Commons：致力于推动知识共享和创意复用的非营利组织，提供大量免费或开源的创意资源。

Adobe Creative Cloud：提供一系列创意应用和服务，包括Photoshop、Illustrator等，是数字创意产业的重要工具之一。

站酷：国内知名的设计师社区，提供设计作品展示、交流和学习的平台。

UI中国：专注于用户体验设计的社区，分享优秀的设计作品和设计经验。

花瓣网：设计师寻找灵感的天堂，涵盖多种设计领域和风格的灵感素材。

GitHub中国：面向开发者的代码托管和协作平台，聚集了大量国内优秀的开源项目。

码云（Gitee）：国内领先的代码托管和协作开发平台，提供稳定、高效的代码管理服务。